木兰艧

样式雷御船烫样

张龙　主编

文物出版社

图书在版编目（CIP）数据

木兰艒：样式雷御船烫样 / 张龙主编 . -- 北京：
文物出版社，2022.1
　　ISBN 978-7-5010-7263-7

　　Ⅰ.①木… Ⅱ.①张… Ⅲ.①船舶—研究—中国—清
代 Ⅳ.① U674.1-092

　　中国版本图书馆 CIP 数据核字（2021）第 216467 号

木兰艒——样式雷御船烫样

主　　编 / 张　龙

责任编辑 / 孙漪娜　王霄凡
文物摄影 / 田家青
责任印制 / 张道奇
装帧设计 / 谭德毅

出版发行 / 文物出版社
社　　址 / 北京市东城区东直门内北小街2号楼
邮政编码 / 100007
网　　址 / http://www.wenwu.com
经　　销 / 新华书店
制版印刷 / 北京荣宝艺品印刷有限公司
开　　本 / 889毫米×1194毫米　1/16
印　　张 / 8.25
版　　次 / 2022年1月第1版
印　　次 / 2022年1月第1次印刷
书　　号 / ISBN 978-7-5010-7263-7
定　　价 / 120.00元

木兰艭

艭（shuāng），舟部，雙（双）旁，为古书上说的一种小船。明袁宏道诗曰："露梢千缕扑斜窗，黄笙藤枕梦吴艭。"

"艭"最早可能是指一种双体船，船体并排成对，后来则作为船的通称之一，如同"舫""舻""舟"等，在船的类型上没有严格的区分。从图样上看，木兰艭也只是一般形式的清代游船，并没有体现出和"雙"字有关的信息，仅把"艭"视为船的一种别称。

序

　　"样式雷"是清代200多年间主持皇家建筑设计的雷姓世家的誉称。样式雷作为我国古代科技史上成就卓著的杰出代表，其建筑创作涵盖了都城、宫殿、园林、坛庙、陵寝、府邸、工厂、学堂以及舟舆、陈设小品等，例如被称为"万园之园"的圆明园，承德避暑山庄与外八庙，北京故宫、天坛、颐和园、北海、中南海、恭王府、清东陵与西陵，沈阳故宫与清永陵、福陵、昭陵等。而同这些建筑遗产及相关旨谕、奏折、工程备要、销算黄册等宫廷档案对应的、作为样式雷世家赓续200多年职业活动的忠实记录的约20000件图样、模型及《旨意档》《堂司谕档》等文档，被统称为"样式雷图档"。样式雷图档包括众多完整的工程个案，翔实地记录了相关机构的设置与运作以及选址勘测、规划设计、施工、传统工艺等方面的细节，对清史和古代科技史、建筑史（包括图学史、建筑设计理论和方法、施工技术和管理制度等）研究及相关文物建筑的保护有重大意义，受到学术界的高度重视。

　　由于历史原因，这些珍贵图档有的奉旨留存宫中，有的被管工大臣收存，更多的则由雷氏家族收存。1860年英法联军入侵北京，存档于圆明园的样式雷图档罹劫；辛亥革命后，由于家道中落，雷氏后裔变卖家藏图档，这些珍贵图档有的被国外机构或个人从不同渠道购得，后流失海外。木兰艒正是在这样的背景下被美国收藏家收购的。

　　为避免传世的样式雷图档继续流失，20世纪30年代，时为营造学社社长的朱启钤多方筹措资金，由当时的北平图书馆收购了大批雷氏后裔家藏的样式雷图档，这批图档约15000件，除80多件烫样转至故宫博物院收藏外，现均藏于国家图书馆善本部。此外，故宫博物院又于20世纪50年代接收了原由中法大学收购的3000余件图档，现藏院内图书馆。中国营造学社收集的《雷氏族谱》等资料现存于中国文化遗产研究院。国家博物馆、清华大学建筑学院资料室、首都图书馆、中国社会科学院图书馆、人民大学图书馆、台北故宫博物院、台湾大学等也收藏有部分样式雷图档。

收购散失图档，将所有图纸、模型集中一处进行整理研究，是营造学社研究样式雷图档的学者们的夙愿。20 世纪 80 年代以来，在国家自然科学基金和社科基金的资助下，天津大学继承营造学社的研究思路与方法，与相关单位共同努力，在样式雷图档的研究方面取得了根本性突破。中国建筑史学领域的不少疑难问题和讹误得以澄清，一直是研究空白的古代建筑设计理论与方法以及建筑选址、测绘、设计、施工，乃至经费核算等程序和管理机制（即工官制度），在大量经过鉴定分类的样式雷画样及文档中得到揭示。其中，运用契合现代图学原理的投影、图层等方式绘制的大量设计及施工图，推翻了中国古代建筑未必经过设计的旧论；建筑组群布局常用的"平格"网，同当代建筑外部空间设计理论方法、CAD 建模方法及 DEM 数字高程模型，特别是正方形网格建模方法比较，基本原理惊人地相近。这些都凸显了中国古代建筑设计理论和方法中蕴含的卓绝智慧。

天津大学样式雷研究团队在开展颐和园样式雷图档研究的过程中，得到了颐和园管理处翟小菊研究员和收藏家田家青先生的大力支持，就木兰艭这一完整的游船设计个案开展了较为深入的研究，并为木兰艭的"再现"做了积极准备。在此期间，团队还得到了北京市颐和园管理处、北京市海淀区圆明园管理处、北京市北海公园管理处的鼎力支持。众人拾柴火焰高，在多方共同努力下，以木兰艭为原型、满足新时代规范与动力要求的新木兰艭最终呈现于北海太液池上，汇集相关研究成果的《木兰艭——样式雷御船烫样》也得以付梓。希望本书的出版，能让更多的人关注样式雷图档与清代皇家游船的研究，从而汇集更多的相关文献、图档和历史照片，逐步深化清代皇家游船及相关样式雷图档的研究。

目 录

序...王其亨　I

木兰艭研考.......................................张龙　谢竹悦　1

中国古代建筑模型的源流、发展与融合...张凤梧　李苋博　39

颐和园光绪朝帝后御船录.................................翟小菊　51

关于木兰艭清末历史的两个谜题.........................田家青　65

附录..83

后记..123

木兰艭研考

张龙　谢竹悦

木兰艭是目前已知保存设计资料最丰富的清代皇家游船，有设计草图、效果图、烫样，还有建成后的实景照片，这些材料随着课题组的研究先后汇集。本章基于相关文献档案的分析与访谈，对比样式雷画样与历史照片，对木兰艭进行了深入解读；梳理了皇家画舫的源流、在清代的传承，以及木兰艭的设计、流传、回归与再现北海的历程。

《 源 流 》

　　皇家画舫，通常是指皇帝等皇室成员外出巡幸或在皇家苑囿内所乘坐的大型船只。先秦时期就有相关记述。如《穆天子传》[1]中对周穆王西巡的记载："天子乘鸟舟龙舟浮于大沼。"注曰："'龙'下有'舟'字。舟皆以龙鸟为形制，今吴之青雀舫，此其遗制者。"此处提到的"龙舟"就是皇家画舫，因船似龙形而得名。

　　汉代以后，"龙舟"一词作为皇家画舫的代称见载于各类史料中。如东汉班固在《西都赋》中记述的汉王室乘舟游玩的景象："后宫乘辇辂，登龙舟……棹女讴，鼓吹震，声激越，誉厉天……"及至隋代，隋炀帝将其南巡时乘坐的巨大船只命名为"龙舟"。此时"龙舟"不再只是具有龙形或龙纹，而是建制宏大，命名直指此乃真龙天子所乘之船。可以说，此时"龙舟"一词正式具有了皇家御用船只的含义。

　　其后各朝史料也都有相关记述，如宋代徐铉的《徐公文集》[2]："仲春主上御龙舟游北苑。"元代黄溍的《金华黄先生文集》[3]："仁宗尝命宫臣理龙舟游太液池。"明代蒋一葵的《长安客话·郊西杂记》[4]："万历十六年，今上谒陵回銮，幸西山，经西湖登龙舟……是时舻艒青雀，首尾相衔……"明代《入跸图》描绘了这一盛况。

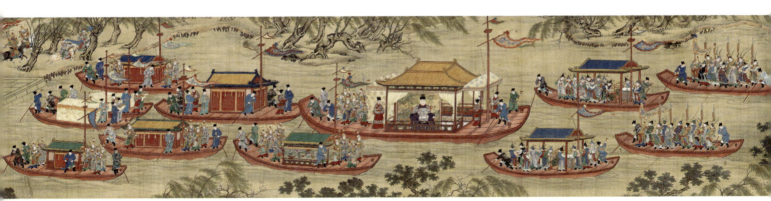

明代《入跸图》中万历皇帝从北京西郊返回北京城的船队（台北故宫博物院藏）

---

1 （晋）郭璞注：《穆天子传》卷5，上海古籍出版社，1990年影印版。
2 （宋）徐铉：《徐公文集》，文渊阁《四库全书》。
3 （元）黄溍：《金华黄先生文集》，文渊阁《四库全书》。
4 （明）蒋一葵：《长安客话》卷1、卷3，北京古籍出版社，2001年。

除皇家御用船只中的龙舟外，唐代王室中也流行龙舟竞渡之戏，这也可以说是另一种形式的"皇家画舫"。帝王为了表达其与民同乐的仁政，也鼓励民间进行龙舟竞渡活动。陈子昂、元稹、刘禹锡等唐代文豪的文集中，都多次提及龙舟竞渡的盛况。

宋代张择端的《金明池争标图》和元代王振鹏的《龙池竞渡图卷》，也都描绘了宋元皇室于金明池中为演练水军而进行龙舟竞渡的场景。《三海见闻志》中也描述了明皇室观龙舟竞渡一事："（京郊西苑）明武宗筑以阅射者，名曰平台。后废台，改为紫光阁。向北门外，即金鳌坊。明时五日幸西苑，斗龙舟于紫光阁前，看御马监勇士驰骤往来，走解髻柳。"

综上可知，被称为"龙舟"的皇家画舫可分为两种，一是帝王出游所乘舟船，一是竞渡活动所用龙舟。其本质上都是为皇室赏玩游乐服务的。

元·王振鹏：《龙池竞渡图卷》局部（台北故宫博物院藏）

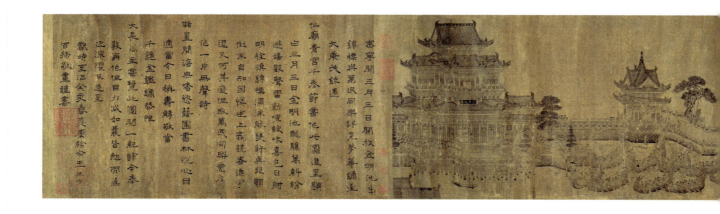

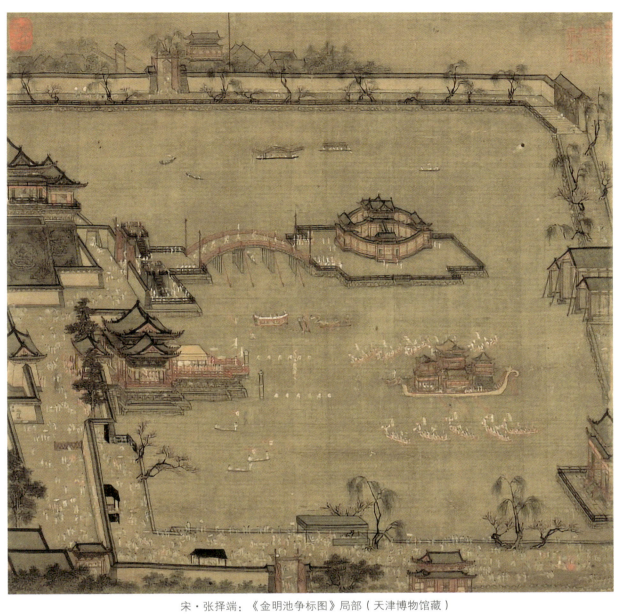

宋·张择端：《金明池争标图》局部（天津博物馆藏）

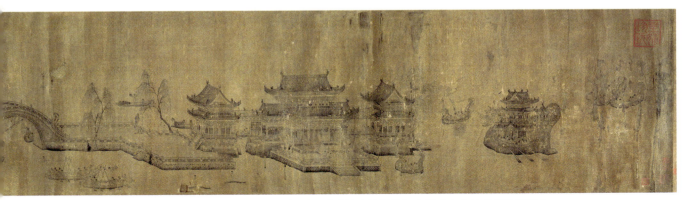

元·王振鹏：《龙池竞渡图卷》全图（台北故宫博物院藏）

〈 传 承 〉

一、清代皇家画舫

　　《十朝诗乘》[1]有载："康熙五十三年，扈从滦阳，命和诗，赐果食扇联，复命于御苑乘舟观荷，异数也。"《大清高宗纯皇帝实录》乾隆四十九年正月下的档案中也详细记载了乾隆南巡时使用的安福舻、翔凤艇和宝莲航这三艘御船的来龙去脉和使用情况："前据伊龄阿奏，仿照安福舻式样，成造宝莲航……朕自辛未以后，五次南巡，乘坐安福舻，甚为安吉，况安福舻之外，尚有翔凤艇，预备乘坐，已极便适……仍遵前旨，（宝莲航）只须停泊扬州，候朕经过阅看。"由上述记载可知，清朝皇家园林众多，皇帝亦喜好行船游乐，如康熙和乾隆都曾六次南巡。由此不难看出当时的皇家画舫已然发展得十分完备，是皇室活动中必不可少的出行工具之一。

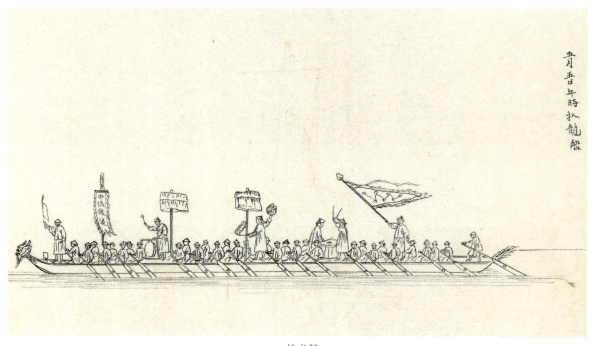

扒龙船
（清末出版《中国清代外销画：建筑、陈设、家具、船只》）

1 （清）龙顾山人纂，卞孝萱、姚松点校：《十朝诗乘》卷7，福建人民出版社，2000年。

龙舟竞渡的旧制在清代也被完整地沿袭了下来。《养吉斋丛录》[1]有载：顺治十一年（1654年）端午，"召内大臣学士等，乘龙舸游西苑，至北桥登岸，幸南台，欢宴至暮。自后遇午日，宫中每以龙舟酬节"。端午时，皇帝会率王公大臣在福海西岸"澡身浴德"中的望瀛洲亭观赏竞渡，皇太后及后妃内眷则在蓬岛瑶台欣赏，"端阳日于福海西岸望瀛洲亭子观龙舟，对面蓬岛瑶台在湖中，昔年奉圣母观龙舟处也"[2]。《清稗类钞》也有乾隆在圆明园福海举行竞渡的记载："乾隆初，高宗于端午日命内侍习竞渡于福海。画船箫鼓，飞龙鹢首，络绎于波浪间，颇有江乡竞渡之意，召近侍王公同观。仁宗亲政，亦履循旧制。后以雨泽愆期，辄命罢演。"[3]嘉

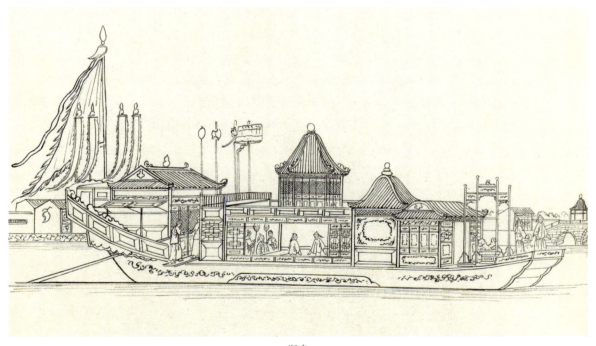

御舟
（清末出版《中国清代外销画：建筑、陈设、家具、船只》）

1　（清）吴振棫：《养吉斋丛录》卷14，北京古籍出版社，1983年。
2　《清高宗御制诗集·端阳日作》，文渊阁《四库全书》。
3　（清）徐珂：《清稗类钞·时令类》，中华书局，1984年，第29页。

庆时期，端午节前有旱情，嘉庆还曾下旨罢竞渡一事，以待天泽[1]，道光朝、光绪朝亦有类似记载[2]，说明龙舟竞渡这一传统活动在清代内廷一直得以延续。

二、清代皇家画舫的管理制度

清代对北京西郊河道的清淤和湖水的开拓疏浚，打造出了玉泉山—玉河—昆明湖—长河这样一个完整的水系链条，并形成了贯通静明园、颐和园、圆明园和西苑三海的水上游览路线。可想而知，当时用于各个园林水路游览的船只数量也相当多。故此，清代设立了层级分明、分工明确的管理体系来管理御船的设计制造、查勘维护、船只调动等相关事宜。

1. 清代皇家画舫的设计制造

清代皇家建筑通常是由样式房的样子匠负责绘制设计图纸和制作呈览的烫样，根据现存的一百多张样式雷御船及船坞图档，可知皇家画舫作为一种特殊的建筑也是由样式房来负责设计的。

查阅现有的样式雷御船及船坞图档，可发现新修船只、测绘勘估旧有船只、在旧有船只上翻修改造船只等工程都绘有相关图档，图面上通常还附有皇帝下达的要求设计修改的旨意，并可见据旨意修改的痕迹。这说明皇家画舫的设计需要经过反复修改，才能交付图纸用于建造。

如国 164-012《圆明园月波舻舱室踏勘立样》所载："中间柱中安冰纹式元光门罩一槽，（门罩）里口面宽四尺八寸，方子下皮至地平板上皮高六尺，方子一寸五分。上下白子五寸五分，边七分，玻璃二尺二寸，玻璃二尺九寸六分，俱里口，外门口高五尺七寸。"图上绘制了将原右一及左一长方窗改为上圆玻璃镜、下方窗，右二及左二长方窗改为扇面窗的修改方案。

有的重大工程和项目甚至还要绘制透视效果图或制作烫样供皇上御览后，才能敲定最终方案，木兰艭的烫样正是因此而诞生。《清代档案史料——圆明园》中同治十三年（1874 年）三月十六日、二十日、二十一日堂谕司谕档亦有关于其他船只烫样的记载："又着烫太平船烫样""上明大人宅回太平船样，着二十一日进呈""太平船一座……留中"。

在建造过程中或使用后，如御船实物有地方设计不合理，样式房还会据此绘制新的局部设计方案，再行施工。如国 164-019《圆明园月波舻栏杆立样》中有文字如下："月波舻船上后面靠背高一尺一寸五分，栏杆比靠背矮一寸五分，现在栏杆高九寸，宽四尺八寸，添安笔管栏杆，高一尺，宽四尺八寸。"据此可知，月波舻船在后续的使用中对栏杆进行了加高。

---

1 《清实录·大清仁宗睿皇帝实录》卷 128 "嘉庆九年四月"条："物阜民安，度节方能愉快，近日望泽颇殷，未蒙沾溉，朔日内苑例陈龙舟水戏，亟命罢之，以待天泽。"书同文古籍数据库。

2 道光四年四月二十六日内务府来文《派出进同乐园听戏并在澄虚榭看龙舟大臣名单》："道光四年四月二十六日，由内阁抄出派出初一日、初五日进同乐园听戏王、大臣名单。"后二十八日内务府来文："着停止。"《清会典·光绪朝·钦定大清会典事例三》卷 500："……应天以实不以文，朕方侧席省躬，所有本月朔内廷例用龙舟，上年既以祷雨不行，今虽际时和，并申饬停罢，用申祗荷……"书同文古籍数据库。

部分样式雷御船图档（中国国家图书馆藏）

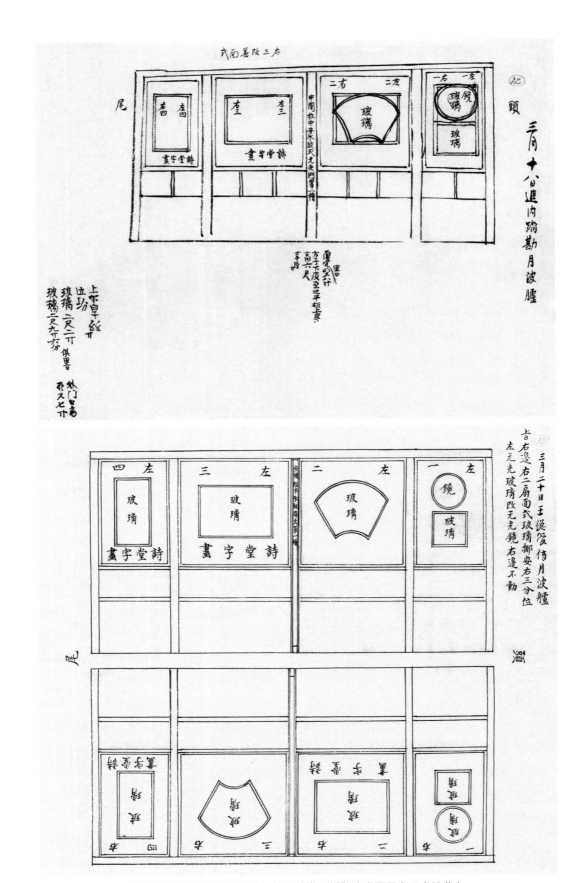

图 164-012《圆明园月波舻舱室踏勘立样》（中国国家图书馆藏）

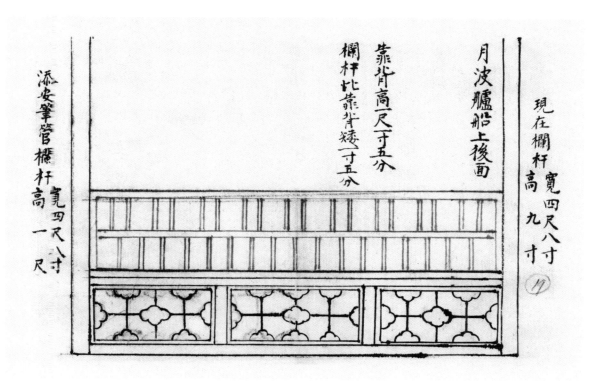

图 164-019《圆明园月波舻栏杆立样》（中国国家图书馆藏）

在设计工作完成后，皇家画舫的图样与烫样会一并转至勘估处核算所需工料钱粮。奏准后由工程处按预算支领经费，招商修建，进入施工阶段。

中国第一历史档案馆藏陈5338《昆明喜龙五彩楼船等陈设》中有如下记载："镜中游是一艘楠木黑彩漆装修船，船身长五丈九尺六寸，乾隆十六年六月初四日由浙江巡抚永贵恭进。锦浪飞凫是一艘彩漆湘妃竹装修船，身长四丈四尺，乾隆十六年八月由圆明园交进；芙蓉舰是一艘楠柏木油画装修船，身长五丈四尺四寸，乾隆十六年由圆明园交进；澄虚是一艘楠木装修船，身长四丈五尺五寸，乾隆十六年八月由奉宸苑交进；景龙舟是一艘彩漆装修船，身长五丈九尺九寸，乾隆二十二年七月十五日由浙江巡抚杨廷璋进；祥莲艇是一艘紫植楠木装修船，身长四丈三尺。乾隆二十二年七月十五日由普福进；万荷舟是一艘亭式船，身长四丈四尺二寸，乾隆三十年衮州府同知张铎进。"由此可知，皇家画舫是由圆明园或奉宸苑等管理机构交进或由外省官员呈送。嘉庆十九年（1814年）十一月二十六日内务府呈稿《为支领成做镜中游罩船上楠木装修铅亭所需工料银两事》中有更为详细的记述："圆明园内添排六棹船一支，照现在棹船之样成故，钦此。查向例船身归本园办理，其楼座应交造办处成做，希即自行赴工。"由上可知，皇家画舫的制造由圆明园本园管理部门和圆明园造办处两个机构来承办——船身交由本园管理部门，铅座交由造办处。

除船身外，船室楼座部分的修舱、添建、新建等具体制造工作也可分为两个部分：一是船座本身的木作、油彩作等；二是船座内部装修陈设的楠木作等。按上文内务府呈稿中的记载，其时圆明园内船只的制造工作是由内务府下属造办处在圆明园分设的圆明园造办处（康熙年间设立）一应负责，各工被分派负责各项，自行按例办理。但随着康熙中叶以后建筑营造商业化的发展，雇工制度彻底取代了以往的匠役制度，皇家建筑都转为工官督理、招商承包，如样式雷自身亦承办楠木作工程，此外还有诸如天利木厂、兴隆木厂等不下六家木厂承办楠木作等项。故皇家画舫的建造工程很可能是由圆明园造办处并外部招商木厂两方共同承办，圆明园造办处负责木作、油彩作等，招商木厂负责装修陈设楠木作等。

此外，样式房还要会同算房算手编写说明御船规制、丈尺和做法的《工程做法》，如道光十一年（1831 年）二月十四日的《工程做法细册不分卷》第 214 册就详细记述了该年圆明园修舱的一应尺寸和做法。

由上可知，一艘皇家画舫从设计到建成的全过程都依据图纸和烫样来进行整体把控，以确保其最终的呈现效果。这说明清代皇家画舫的设计体系已然十分成熟完善了。

2. 清代皇家画舫的查勘维护

根据档案记载，康熙二十三年（1684 年）设立奉宸苑，管理苑囿事务。《清史稿》卷 118《志九十三·职官五》"内务府"条有载："（奉宸苑）卿掌苑囿禁令，以时修葺备临幸。郎中以下各官掌分理苑囿河道。"凡奉宸苑所辖之处的管理、缮修工程，都由其直接办理。皇家画舫作为皇家苑囿的一部分，也在其列。

而根据《清代档案史料——圆明园》所载雍正六年（1728 年）十月二十六日的造办处活计档中所述，最迟至雍正六年，圆明园设立了工程处，负责查勘园内岁修及日常维修工程。

清乾隆朝时，皇家园林的发展达到鼎盛，数次大兴土木。乾隆二十六年（1761 年）增设了内务府总理工程处，由委署主事一人专门办理该处事务，负责查勘内庭、各园及热河等各处行宫岁修及日常维修工程，以及内务府遵旨办理的鼎新修缮工程[1]。

《乾隆朝·钦定大清会典则例一》卷 167《内务府·奉宸苑》中对于船只的维修管理有如下详细记载："康熙年间，定畅春园等处船每年修舱，由该总管等奏请，瀛台三海等处船，每年由苑奏请修舱。雍正五年奉旨：圆明园、畅春园、西花园、圣化寺等处船均交奉宸苑管理，每年修舱著该苑察明奏闻修理销算，遵旨议定。圆明园、畅春园、瀛台三海等处船由苑每年于二月内察勘奏请修理，三海拖床每年黏补一次……乾隆十六年奏准圆明园、静明园、畅春园、汤山、瀛台三海等处船，岁由苑委官估计奏交各该处修舱，但各处船多且大小不一，临期约估，窃恐不能周详，且领帑之后又分交各该处自行承办，其钱粮是否实用，船身果否坚固，本苑势难遍察。嗣后圆明园、静明园、万寿山等处即交各该处每年按时自行奏请修理，其畅春园、汤山、瀛台三海[2]等处船仍由苑办理。"据上述史料可知，至少在康熙时期就有一年一度对船只查勘报修的制度，除畅春园等个别园林外，奉宸苑所辖苑囿内的船只皆由其负责。雍正时期则将该项工作统一划给奉宸苑负责。到了乾隆十六年，由于各园林拓张，船只数量和种类繁多，为便于管理，便将圆明园、清漪园、静明园等各园的修舱工作划分出来，交由各园的管理机构自行负责。总的来说，除特派专管的御苑外，其他归属奉宸苑负责的御苑行宫中的皇家画舫都由奉宸苑统一管理，并且其管理工作都受到内务府总理工程处的监察。

---

1 何蓓洁：《清代建筑世家样式雷研究》，天津大学博士学位论文，2011 年，第 212~216 页。
2 《钦定大清会典事例（嘉庆朝）》卷 902《内务府·园囿·修船》："（前文大致相同）……其畅春园船二只，汤山船大小共四只，瀛台三海等处船大小共五十七只，系苑丞专管，仍由苑办理。"书同文古籍数据库。

3. 清代皇家画舫的行船调用

清代皇家画舫的取用由专门机构统一负责，这个机构就是御船处。

御船处的设立始于乾隆十六年，是独立于奉宸苑之外、处理御舟行船调用事务的机构："御船处，乾隆十六年，将奉宸苑圆明园、清漪园等处御舟事务，设立御船处，派大臣管理，并铸给御船统领处图记，其管理事务之御船统领大臣，由特简，无定员，凡有奏疏，自行题奏，设兼管司官一人，笔帖式二人。十七年奏准，设八品水手催总三人，八品网户催总一人。二十四年奏准，改催总为催长。三十一年，增设八品水手催长一人。"[1]

御船处的职责就是处理皇帝巡幸御舟的一应备差行船事务。而各大苑囿自身的船只管理人员则负责园中船只的维修呈报，如圆明园中就曾"设看守翔凤艇水手六名，听差水手二十一名，俱太监管理，如遇修舱，本园河道苑丞、苑副专司"[2]。且为了节省开支，御船处的水手大都不是固定差使，而是随时调用。《清代档案史料——圆明园》中《钦定总管内务府现行则例——圆明园卷》记载："乾隆十六年六月奉宸苑奏准，本处有看守圆明园内翔凤艇水手六名，系长占用，其余水手二十一名，每年河开，由通州传赴本处应差……冬月无差，令其各回本处，裁退饭食……嘉庆十七年四月奉旨：昆明喜龙预备之水手十二名，今其船即经拆卸，著将此项水手十二名仍拨归圆明园当差。钦此。"

---

1 《钦定大清会典事例（嘉庆朝）》卷 885《内务府·官制》，书同文古籍数据库。
2 《钦定大清会典事例（嘉庆朝）》卷 79《内务府·管理圆明园事务》，书同文古籍数据库。

〈 **诞　生** 〉

一、木兰艐的诞生背景

同治十二年（1873年）春，同治亲政、大婚典礼相继举办，又适逢翌岁慈禧太后四旬万寿，同治遂以奉养两宫太后为辞，于八月命内府重修圆明园。但此工程最终由于支出巨大难以为继而遭到诸多大臣的反对，并最终宣告失败。但同光两朝皇帝一直有着再兴园工的强烈意愿。同治中兴后，光绪朝政治相对稳定、经济复苏，清漪园因其整体性强、气势恢宏、最显皇家气派且整体格局和景观相对易于恢复等优势，以及昆明湖作为城市水利枢纽的地位，成了清廷再兴园工的首选。

光绪十二年（1886年）八月，奕譞奏请恢复昆明水操，在获取慈禧太后对建设新式海军的支持的同时，也变相实现了再兴园工的愿望，为此后光绪亲政，慈禧太后退居御苑创造了条件。光绪十四年二月，清漪园改名为"颐和园"，重修工程正式启动，一系列的兴修工程迅速开展。木兰艐正是这个时代背景下的产物。

《光绪朝·钦定大清会典三》卷97《内务府·畅春园事务》中有载："倚虹堂皇太后御座木兰艐大船一，皇帝御座鸥波舫大船一，至备差纤船、茶船等项船只，随时添补无定额。"由此可知，木兰艐为慈禧太后的御用画舫，备用时停泊于西直门外高梁桥南倚虹堂船坞内。当太后和皇帝自倚虹堂用膳休憩后，就会换乘木兰艐经长河前往西郊御苑。

木兰艐的名字来源于《述异记》："木兰川，在浔阳江中，多木兰树，昔吴王阖闾植木兰于此，用构宫殿也。七里洲中，有鲁班刻木兰为舟，舟至今在洲中，诗家云木兰舟出于此。"[1]木兰舟原意是指由木兰树制成的船只，也作"木兰船"。"木兰艐"即同"木兰舟"之意，非特指某一船只，而是一种泛用于诗文中的船只美称。如清庄棫诗云："人在木兰艐，春波度远江。"

二、木兰艐的设计过程

根据现存的样式雷御船图档，可将木兰艐的图纸设计分为两个阶段，一是前期草图设计，二是后期效果图展示设计。关于这两个设计阶段，现各有一张样式雷图档与其对应。

---

1 （南朝梁）任昉：《述异记》，文渊阁《四库全书》。

1. 草图阶段

中国国家图书馆藏国 350-1351 木兰艧草图，原定名"颐和园木兰艧画样"，无题、无贴签，透视画法。上绘木兰艧楼殿样式，图上可见铅笔底稿，应为设计时所绘草图之一。

据图上所绘，木兰艧楼座首层地坪无明显空间下沉，而是与船甲板齐平，但一层抱厦敞厅前绘有从敞厅下至船身的踏跺，踏跺方向和敞厅使用的便利性相违背。但若所绘为船身储藏舱盖板，则应向上开启。此处应是设计过程中对一层进行抬高或者下沉的改变而留下的修改痕迹。在此一设计阶段，木兰艧一层为敞厅后接中殿两间，通过平台廊，再接后殿一间；二层船殿地坪相对平台廊部分有所抬高，通过踏跺连接，前设船殿两间，后为歇山顶敞厅一间。对比图上铅笔底稿，可知原设计方案中船殿宽度较窄，一层现敞厅部分原为卷棚顶前抱厦，后殿原为两间，二层后敞厅原为卷棚顶船殿前出平顶抱厦的做法。

虽然并未有其他更多的相关草图，但据图面痕迹所展现的方案设计时反复修改的过程和笔触画法所透露出的设计者扎实的专业功底，不难推测，在此版草图前，木兰艧楼座设计图纸应当已经过数次修改。

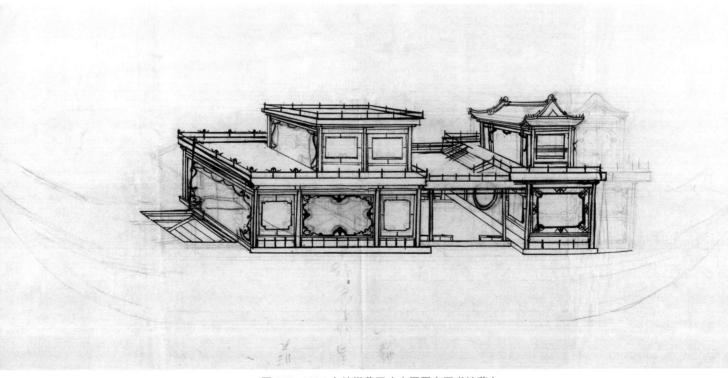

国 350-1351 木兰艧草图（中国国家图书馆藏）

2. 效果图阶段

中国科学院图书馆藏《御座镜春舻水云乡平台船木兰艒鸥波舫位分船轮船炮船并车棚楼扑拉纤船册页》（下文简称《册页》）中所绘木兰艒彩色立样，透视画法，图上有贴签，上写"木兰艒，船身通长五丈七尺"。据图上所绘，木兰艒为二层楼船。一层船殿，前为平台顶敞轩式前抱厦，后接中殿二间，其后以平台顶式连廊接后殿，再后为平顶后抱厦，或为净房；二层与下层船殿相对，亦设平台顶式船殿二间，与后歇山顶敞厅以连廊相连，连廊露明无顶；船尾处另设一平顶式舵楼，船头设有两系锚柱。船室色彩鲜明艳丽，装修华丽繁复。

和上文草图的绘制内容相比较，很明显可以看到一层船室整体是下沉的，船头抱厦敞厅的半封闭玻璃窗改成开放性的围栏，后殿的进深有所加长、面宽有所缩减，删去了草图中后船室侧面的窗户，并于其后增加了一间平顶净房，另外，一层的船殿玻璃窗样式在草图的基础上有所深化并调整；二层船室的整体层高相较于草图有所缩减，应是出于美观的考虑降低了柱高，前船殿的进深也有所增加，并将原有的两间各一扇玻璃窗的立面形式改成了前四扇、后三扇小窗的形式，后敞厅的进深也增加了，并将单扇玻璃窗改为四扇小窗；此外船尾还增加了舵楼，以便于行船。另外值得注意的是，对比草图中铅笔底稿的船身和本图中的船身，可以发现形式并无出入，仅出于美观的考虑在舷侧身板尾部出头的形式上有所改变，并增加了桅杆和尾舵的构件细节。

《册页》中的木兰艒彩色立样（中国科学院图书馆藏）

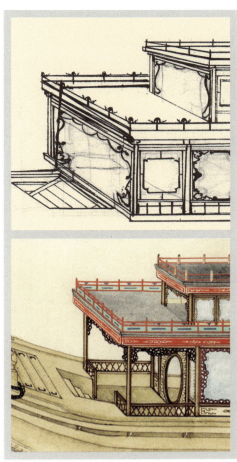
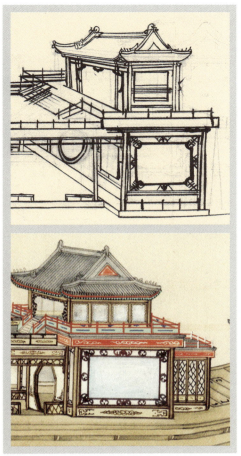
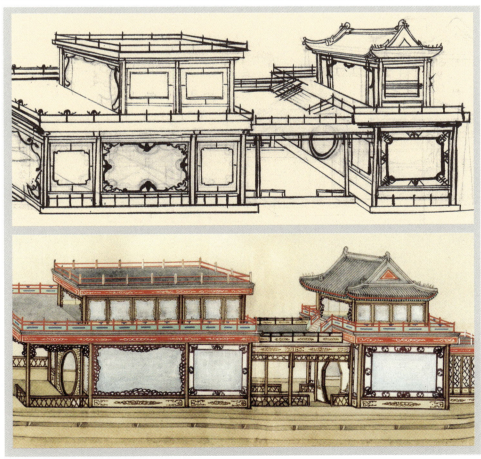

木兰艓草图与彩色立样细部对比

如前文所述，清代皇室的重大工程和项目，需要绘制透视效果图和制作烫样供皇上御览后，方案才能确定。木兰艭作为慈禧太后的御用大船，其重要性不言而喻。此立样图笔触细腻，细部清晰，便于展示，推测应是样式房基本敲定的版本。

木兰艭也有烫样供皇帝御览。因为相对于透视效果图，烫样能够更为直观地向皇帝和太后展示木兰艭里外各个细节的设计，其内部空间布局、构造方式在烫样中都可以得到充分的展示和体现。关于木兰艭烫样的具体细节，后文详述。

《 　流　失　 》

20 世纪初叶，政局不稳，内忧外患，大量文物流失，木兰艞烫样曾一度流失海外，被一位美国的老收藏家持有，保存十分完好。虽然其后人不愿透露获得木兰艞烫样的具体过程，但木兰艞烫样流失海外的情况应与其他样式雷图档类似。

一、样式雷图档

样式雷图档是样式房在承办皇家工程时，匠人们为了配合修建，而绘制的大量画样和烫样（模型），以及呈皇帝御览的相关《清单》《略节》等。自雍正时期起，雷氏家族有八代人供役于清代皇家建筑工程，数位雷家人主持样式房设计事务，因技术高超，卓有成绩，被誉为样式雷。

样式雷建筑图档主要有三种去处[1]。一是留存在宫中或各管理衙门，这部分图档主要是进呈皇帝御览后的图档，或留在宫中存储，或交给样式房更改，或交给工程处等与建设工程相关的部门。二是提交各级工程管理官员、算房、木厂等的图档，例如："光绪二十四年五月十二日，广恩厂曹桂林着人来取过明园课农杆地盘书样图一张，随带去天昌、乾生厂地盘图各一张。"这些图档最终也会回缴，但少数可能被私藏。三是样式雷家族收存的图档，为了方便家族后人学习掌握建筑设计技能，以及为后续工程提供参考，雷家在官方授权的情况下，有意识地整理收存图档。

二、样式雷图档的流传

清末，因为时局动荡，这些或存档宫中，或为雷氏家族收藏，或在官员与木厂手中的样式雷图档经历了多次流转，现存已知传世图档 20000 余件。

咸丰十年（1860 年），英法联军入侵北京，奉旨留中存于宫中的部分样式雷图档罹难。劫余的图档在 1909 年部分迁入新成立的京师图书馆。1925 年，故宫博物院成立，仍留存宫中的

1　关于样式雷图档的流转，主要参考何蓓洁、王其亨：《华夏意匠的世界记忆——传世清代样式雷建筑图档源流纪略》，《建筑师》2015 年第 3 期。

样式雷图档转入故宫博物院图书馆文献部，其中部分烫样损坏较严重，在中国营造学社社长朱启钤先生的关注下，这些烫样曾进行过修复。故宫博物院收藏的图档在抗日战争时期部分迁出。1947年，部分图档迁往台北故宫博物院，并留在了台湾。1955年，约1000件清宫留存的样式雷图档由故宫博物院拨入中国第一历史档案馆并留存至今，中国第一历史档案馆也成为样式雷图档的第三大收藏机构。

现存样式雷图档中大部分来自于雷氏家藏。辛亥革命后，随着清代封建统治的结束，皇家工程也停止了。样式雷家族失去了赖以为生的工程项目，为谋生计，雷氏后裔开始将家族中存有的图档和烫样变卖，当时在京海外人士争相收购。这也引起了中国营造学社社长朱启钤先生的注意，建议购存宫苑陵墓的模型图样，并记述了当时的情况："近年穷困愈甚，时事日非，闻其四处求售，而零星均得者颇有数起，曾经往观，见其陈列之品多系圆明园、三海及近代陵工之模型，虽无百年以上之旧物，而黄签贴说的系当年进呈之原件，尚居多数，询其家世亦尚相符。"[1]

1930年由朱启钤先生主持筹集资金，从雷氏后裔手中集中收购图档，藏于当时的国立北平图书馆。1930年6月的一份《国立北平图书馆馆务报告》中记载："本年六月本馆委员会商得董事会同意拨款五千元，全数购入除圆明园三海及近代陵工之模型27箱外，尚有各项工程图样数百种，黄签贴说，确为当年进呈原件，不得不视为前民艺术之表现也。"[2]另有一批图档于1931年被中法大学收购。在《中国营造学社汇刊》的《中法大学收获样子雷家图样目录之审定》一文中，朱启钤先生曾写道："图样一项。在北平图书馆者约占四分之三，在中法大学者约占四分之一，此外散佚市面历年经本社搜获及同好投赠作参考者，亦可谓为图书馆之附庸也。（东方图书馆搜获尚有一小部分）"[3]

国立北平图书馆后更名为中国国家图书馆。作为样式雷图档最大的收藏机构，中国国家图书馆善本部现共收藏样式雷图档约15000件，占存世约20000件样式雷图档的3/4。而中法大学所收3000多件图档于1951年转入故宫博物院。故宫博物院现收藏近4000件图档，成为样式雷图档的第二大收藏机构。

此外，清华大学建筑学院资料室现藏有样式雷图档315件[4]，中国人民大学图书馆古籍特藏部藏有样式雷图档64件[5]，中国国家博物馆、首都图书馆、北京大学图书馆、中国社会科学院图书馆等也收藏有部分样式雷图档。

流传海外的图档，经过数十年的流转与变动，目前仍有留存。如日本东京大学东洋文化研究所藏有《东陵风水形势图》《平安峪万年吉地地盘尺寸画样》等近60件样式雷图档；法国巴黎吉美东方艺术博物馆藏有《圆明园地盘全图》1件；美国康奈尔大学东方图书馆藏有《天津行宫地盘样》《天津行宫立样图》共2件[6]；德国柏林民族学博物馆藏有样式雷烫样4件，包括有惠陵妃园寝全分样、惠陵妃园寝地宫烫样、北京正阳门箭楼烫样、崇陵地宫烫样[7]。

---

1 中国营造学社：《中国营造学社汇刊》第1卷第2册，1930年，第120页。

2 史茂、何蓓洁：《高瞻远瞩的开拓，历久弥新的启示——清代样式雷世家及其建筑图档早期研究历程回溯》，《建筑师》2012年第1期。

3 中国营造学社：《中国营造学社汇刊》第1卷第2册，1930年，第188~189页。

4 贾珺：《清华大学建筑学院藏清样式雷档案述略》，《古建园林技术》2004年第2期。

5 张龙：《颐和园样式雷建筑图档综合研究》，天津大学博士学位论文，2009年，第3页。

6 参考2020年清代样式雷建筑图档展板。

7 何蓓洁、王其亨：《华夏意匠的世界记忆——传世清代样式雷建筑图档源流纪略》，《建筑师》2015年第3期。

20 世纪 60 年代，一些雷家藏的样式雷图档又被雷家后人捐献出来，也有一部分在"文化大革命"中被毁。据雷家后人雷章宝回忆："1963 年 3 月，湖北襄阳工作的二叔雷文雄，趁回北京探亲的时机，和他的兄弟和侄子们从姥姥家拉了一平板三轮的画样和祖辈的画像，运到北京市文物局，文物局领导请他吃了一顿炖肉烙饼，开了收到文物的收据，尔后又寄去一张奖状。剩下的一些图纸和烫样在'文化大革命'中被舅舅销毁倒进护城河里了。在'文化大革命'前，我父亲雷文相手里尚存有雷氏家谱和一些画样，在'文化大革命'中被我母亲给烧掉了。"[1] 20 世纪 90 年代，又有雷家后人将留存的样式雷图档捐出，这批雷氏家族捐赠的图档现藏于首都博物馆和中国国家博物馆。

《东陵风水形势图》
（日本东京大学东洋文化研究所藏）

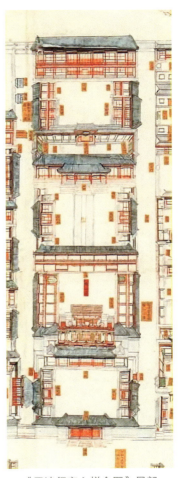

《天津行宫立样全图》局部
（美国康奈尔大学东方图书馆藏）

1　张宝章、雷章宝、张威：《建筑世家样式雷》，北京出版社，2003 年，第 42~43 页。

三、木兰艖烫样的流传

流传海外的样式雷图档，目前已知的多收藏在博物馆或图书馆，少量被个人收藏，木兰艖烫样便是其中一例。根据以上样式雷图档的流传过程，推测木兰艖烫样可能也经过了多次辗转，最终漂洋过海，到了美国，并最终被一位美国收藏家收藏。虽然这位收藏者未必了解烫样背后的皇家建筑设计及其表现方式，但毫无疑问的是，模型精美的制作、华丽的色彩、丰富的装饰，都使得收藏者意识到其收藏价值，并对其十分珍惜与爱护，直至去世也未出售。

木兰艖的价值在于，它是目前已知唯一一件清代皇家游船烫样实例。从中国营造学社开始，学界持续深入的研究，逐渐使样式雷建筑图档走入公共视野，并且于 2007 年被列入《世界记忆名录》。但其中的烫样均为建筑物的模型或者内檐装修的板片，一直未见游船烫样。

近年来，偶尔有个人收藏的样式雷图档见诸报端或者现身拍卖。如 2009 年 8 月《今晚报》上刊登《惠陵中一路立样》被拍卖的消息，2012 年 12 月 17 日《常陵地盘样》与《团河行宫地盘画样》被拍卖[1]。木兰艖烫样也是以拍卖的方式重新进入国内公众视野。美国收藏家去世以后，他的后人对木兰艖烫样进行拍卖。木兰艖烫样得以回归祖国，离不开慧眼识珍买下这具烫样的"伯乐"田家青先生。

1　何蓓洁、王其亨：《华夏意匠的世界记忆——传世清代样式雷建筑图档源流纪略》，《建筑师》2015 年第 3 期。

《　回　归　》

　　随着清王朝的覆灭，木兰艧也从宫廷画舫成了长河上的一座普通游船，而后便逐渐消失于历史长河之中，现在只能从仅存的几张图样和老照片依稀看出其往日光辉。如今我们能够重现木兰艧于北海，须得归功于木兰艧烫样的回归。

　　说起木兰艧烫样，就不得不提及王世襄先生、田家青先生和样式雷图档这三者之间不可不说的缘分。

　　王世襄先生主要研究领域在营造方面，他对自己的学术成就很是谦虚，常常说他只是做了一点工料的研究，还需在营造算例的部分深入挖掘。他对历史上很多大家都认可的事也持有科学辩证的观点，由此可见其为人的认真严谨。而说起王世襄先生的研究，就不得不提及另一位对于推动样式雷图档研究做出重大贡献的人——朱启钤先生。在样式雷的研究方面朱启钤先生对王世襄先生有诸多提点，他们二人都对样式雷十分推崇，认为样式雷的成就一直以来都被低估了，样式雷的研究亟待完善。他们二人在学识和思想上的高度同步，也使得他们成了推动后续样式雷图档研究活动蓬勃发展的领头人。

　　田家青先生和王世襄先生则是三十多年的故知了，王先生视田先生如家人，田先生折服于王先生的家学渊源，两人就此结下了几十年的缘分。在与王世襄先生相识相知的过程中，田家青先生耳濡目染，很早就了解到了样式雷图档，并对其产生了浓厚的兴趣。

　　田家青先生是中国古典家具领域的专家，其专著《清代家具》是学术界公认的该领域的开创和权威之作。早年田家青先生研究清代宫廷家具时，在经人介绍查阅清宫档案的过程中，发现了家具烫样、木样的记载以及合排纸样、蜡样，结合他接触过的样式雷图档等相关资料，田家青先生对烫样这类物件产生了极大的兴趣。

　　由于清代家具结构特别复杂精密，田家青先生在研究清代家具的过程中，慢慢养成了在琢磨清式结构做法时，依据不同细部做相应模型的习惯。在这个研究过程中，他逐步认识到烫样对于家具和建筑的研究是至关重要的，甚至在某些环节中是无可或缺的。此后他便对搜集样式雷烫样逐渐关注和重视了起来。

　　20世纪80年代，田家青先生曾经多方寻找样式雷烫样，在北京的成方街，还有各种“小市”“鬼市”里都找过，但一直没有找到。20世纪90年代末，美国的一家文物基金会邀请田家青先生等一行人前去美国的多家博物馆参观，那些馆藏中包含档案、照片甚至实物，涉及清代宫廷绘画、漆器，但仍未见家具烫样。这成了田家青先生的一个遗憾。

皇天不负有心人，2010 年，当有消息说佳士得拍卖行展出了一件船型烫样时，立刻引起了多年来持续关注样式雷图档及烫样的田家青先生的注意。而翻开佳士得拍卖图录《永乐——明清瓷器及古美术文献、明清玉器及工艺精品》的第一眼，他就锁定了木兰艒，注意到了这件尚未引起人们关注的拍品中所蕴含的真正价值。

此后田家青先生多次专程前往拍卖行查验，了解到这件烫样原由美国的一位收藏家持有，这次是与一批瓷器同时出手的。经查验，这件烫样是一件小比例的画舫模型，但体现出了十分精湛和复杂的小木作、雕刻和绘画工艺，实在是一件不可多得的艺术珍品。田先生一见之下当即认定这就是他苦苦寻找的烫样真品，并最终于 2010 年 11 月 23 日将之拍下。这件流散海外多年的样式雷烫样精品终于回归中国。

⟪　解　读　⟫

一、烫样的制作与比例

　　烫样是按照设计图样制作并按比例缩放的立体模型，供呈览审定之用。制作材料主要为纸张、秫秸和木材。纸张多为元书纸、麻呈文纸、高丽纸和东昌纸，木头则选用质地松软、较易加工的红、白松之类。制作烫样的黏合剂主要是水胶。制作工具除了簇刀、剪子、毛笔、蜡板等外，主要是特制的小型烙铁，以便熨烫成型[1]。这种制作方式也是其名"烫样"的由来。一般建筑烫样的构成部分主要有底盘、墙体、屋顶及附属杂项等，各部制成后再敷饰彩绘。烫样通常有可拆卸的部件，以便于观察其内部做法。烫样各处会贴有黄色或红色贴签并标注各处名称及尺寸。按缩放比例，烫样又可分为五分样、寸样、二寸样、四寸样和五寸样等数种。如五分样即是指烫样的实际尺寸为每五分（清营造尺）相当于建筑实物的一丈，即烫样与实物之比为1∶200，以此类推，寸样比例即为1∶100，二寸样比例为1∶50，五寸样比例为1∶20。

二、木兰艒烫样图解

　　木兰艒烫样前有双系锚柱并爪锚，中为楼殿，后有尾舵，形制完整，船身及其上船殿的大木结构、屋顶卷棚顶、檐椽、檐板为木制，屋顶搏风板为木胎，筒瓦为木胎纸塑，船殿中隔断门罩、门窗、屋顶滴水为纸塑，屋顶脊兽为泥胎纸塑，窗玻璃为赛璐珞胶片，除门窗等构件外，其他构件都髹漆后分别黏合形成独立的船殿或屋顶构件。另船身髹漆，胎漆为鹿角霜，表漆呈红褐色，据田家青先生讲解，这是为使该烫样如同真船一样能够放置于水中。

　　该烫样一层以上的平台、船殿、屋顶皆可拆卸，以便于观察其内部构造做法和样式。该船船殿柱及地栿饰蝠纹、"喜"字纹、"寿"字纹，挂檐板及额枋上绘片金苏式彩画，心间彩画为山水、人物、花鸟等内容。二层敞厅歇山卷棚屋顶做工细腻，筒瓦、滴水、垂兽、戗兽、走兽皆形状分明。

1　朱庆征：《烫样宫殿建筑设计模型》，《紫禁城》2004 年第 2 期。

　　船殿外立面依次贴有贴签十一张，整理内容如下："前抱厦进深六尺，柱高六尺，通面宽一丈，中殿（前室）进深八尺，（后室）进深五尺，平台廊（各）进深五尺，面宽七尺，后殿进深一丈，面宽一丈，净房进深五尺，（后）柱高四尺五寸，（后为）舵楼，（上层船殿各）进深四尺，上层平台面宽七尺，柱高二尺八寸，上层敞厅进深七尺，面宽八尺，柱高三尺。"船头面板贴签写有："舱深通长五丈七尺，加长三尺，改准通长六丈。"由此可知，在绘成《册页》中的立样供御览后，木兰艭的尺寸又进行过调整，并被记录在了烫样的贴签上。

故可推断这一烫样的制作时间应当同为光绪十四年至二十年间（1888~1894年），但晚于图档的绘制时间。船殿内的五张贴签则说明了室内装修陈设做法及要求，其大意如下："（前抱厦与中殿前室间设）二面水纹式嵌梅花落地罩，（中殿前室与后室间设）锦元光罩，（中殿与平台廊间设）雕作二面，（后殿门口设）雕作二面蝠流云八方罩，（净房门口设）二面灯笼框碧纱橱。"根据田家青先生提供的1：20的木兰艭烫样比例，可判断此烫样应为五寸样。

木兰艭烫样

对比上文彩色立样中所绘木兰艬，我们可以明显发现，在根据船殿的设计尺寸缩小制作成烫样时，船身长度与设计图样相比有所缩减，空间布局略显拥挤，船身头部和尾部原储藏舱的位置已经被船殿占用，船尾也无再加一舵楼的空间，船尾直接与净房叠合，并与尾舵桅杆紧紧贴合，只有如此布局才能在船头留出甲板、锚柱和踏跺的位置。且船殿各间的进深相对彩色立样都有所缩减，比较明显的是一层抱厦敞厅后的中殿前室和连接前后船殿的平台廊。原彩绘立样中，中殿前室的进深远大于柱高，但烫样中殿前室进深八尺，柱高不小于六尺，明显相差不大；平台廊原连接踏跺部分进深远大于围栏部分，烫样中踏跺宽度与此部分平台廊的进深几乎吻合。

木兰艒烫样分解

二层船殿也是一样，出于美观和整体比例的考虑，二层的两间前船殿改为了设有三扇小窗的一间，中间平台廊部分的长度缩减到只能放得下踏跺，后敞厅的进深也有所缩减，并将四扇小窗又改回原有的一扇大玻璃窗。据此就不难理解贴签上写的加长船身三尺的修改要求了。

此外，烫样上还有一些细节有所改动。如二层后敞厅的屋顶改为了歇山卷棚顶式；除中殿前室一扇大玻璃窗改为凉山小窗外，所有船殿和敞厅的窗户样式都改为一致；抱厦敞厅的花牙子与彩色立样图中的样式不一致，且抱厦敞厅及平台廊两侧都不再设有花牙子，不知是在后续设计中被去掉还是该处纸片已遗失，尚待考证。

木兰艧彩色立样与烫样细部对比

三、烫样与图纸实物的对比

通过将烫样与设计草图及彩色立样进行对比，不难看出，木兰艭从船室内地坪高低到船室格局大小及组合关系，都经过多次修改，并最终于烫样上基本敲定。而通过《北清名胜》[1]中1903年时的木兰艭老照片和日本东洋文库藏《北京名胜》中1906年时的木兰艭老照片，我们可以看到木兰艭最终的模样。

《北清名胜》中的木兰艭照片　　　　　　　　　　　　　《北京名胜》中的木兰艭照片

老照片中木兰艭的整体空间格局、屋顶样式、栏杆形式相较烫样并无太多改变，但其船殿整体进深应较烫样有所增加。如抱厦敞厅并中殿上的平台栏杆由三段增至五段，由此可推测其下船殿进深尺寸也应随之增加。一层部分，后殿烫样中只设有两扇窗，老照片中改做同中殿样式一致的宽度较烫样略窄的三扇窗，其进深尺寸未能看出明显变化；其后净房窗户从原设四扇改为较宽的两扇，尺寸变动亦不明显；另老照片中抱厦敞厅平台廊两侧都设有花牙子，说明烫样上该部分没有花牙子很可能是烫样上的纸片在不断转手中脱落遗失了。二层的变动相对比较明显，从老照片中可以看出前船殿向船头方向又加了一扇窗宽的进深，其上栏杆亦由三段增至五段，进深方向上共设有四扇小窗，内部不知是仍为一间还是改为两间；后敞厅在烫样上为"进深七尺，面宽八尺，柱高三尺"，面宽与进深尺寸相近，而老照片中后敞厅立面大玻璃窗皆改做两扇小窗，且进深方向窗呈横向矩形，面宽方向窗近似方形，进深亦明显增加。此外，较之烫样，老照片中的木兰艭在船尾舵楼桅杆旁设有一爬梯，应当是为了便于前往二层平台及敞厅而设。

虽然最终建成的木兰艭实物较烫样仍有变动，但绝大部分与烫样式样吻合，说明木兰艭在实际建造过程中应当是按照烫样式样和尺寸施工，只是在具体操作过程中由于功能要求变动等原因又有所调整。

---

1 〔日〕藤井彦五郎：《北清名胜》，东京国光社，1903年。

〈 再 现 〉

一、复原设计

为了能用最准确的数据进行复原研究，在田家青先生的欣然配合下，对木兰艭烫样做了细致的测量，详细记录了木兰艭烫样的实际尺寸和其上的每一条贴签标注。根据烫样标注尺寸，并按清式营造尺一尺合今 320 毫米的换算方法，列出如下尺寸表。

木兰艭烫样尺寸表

	尺寸位置	贴签尺寸	换算数据（毫米）	还原数据（毫米）	折合尺寸
一层	抱厦敞厅柱高	六尺	1920	2487	七尺七寸七分
	抱厦敞厅面宽	一丈	3200	3212	一丈
	抱厦敞厅进深	六尺	1920	1963	六尺一寸三分
	中殿柱高			3266	一丈零二分
	中殿前室进深	八尺	2560	2541	七尺九寸四分
	中殿后室进深	五尺	1600	1660	五尺一寸九分
	平台廊面宽	七尺	2240	1736	五尺四寸三分
	平台廊进深	一丈	3200	2851	八尺九寸一分
	后殿面宽	一丈	3200	3212	一丈
	后殿进深	一丈	3200	3236	一丈一尺一分
	后殿（后）柱高			2715	八尺四寸八分
	净房面宽			1736	五尺四寸三分
	净房进深	五尺	1600	1172	三尺六寸六分
二层	净房（后）柱高	四尺五寸	1440	1555	四尺八寸六分
	上层平台面宽	七尺	2240	缺失	
	船殿面宽			缺失	
	船殿通进深	一丈二尺	3840	3490	一丈零九分
	船殿柱高	二尺八寸	896	1695	五尺三寸
	敞厅面宽	八尺	2560	缺失	
	敞厅进深	七尺	2240	2274	七尺一寸
	敞厅柱高	三尺	960	1488	四尺六寸五分
船	通长	六丈	19200	18650	五丈八尺二寸八分
	中宽			4578	一丈四尺三寸
	通高			8259	二丈五尺八寸

从表中数据可知，木兰艭烫样实际测量的通体长度并各主体船殿进深、面宽等平面尺寸与贴签上标注的数据未有较大出入，唯平台廊面宽较贴签数据减去一尺五寸左右，进深较贴签数据减去一尺左右，净房进深较贴签数据减去一尺三寸左右。可能有两种原因导致这一数据差异：一是由于此二者都非主体使用空间，因而在设计中为了调整甲板进深尺寸而压缩了这两部分的尺寸；二是在烫样制作过程中出于美观的考虑，仅对烫样本身进行了调整，而实际设计中并未调整。

另外，非常明显的是，所有的柱高都较贴签数据有明显增加，其中二层船殿柱高较贴签数据增加了近一倍，敞厅柱高亦为贴签数据的 1.5 倍多，这已经远超出于美观考虑的微调，推测可能贴签上的数据为原定数据，而在实际烫样制作中发现按照原定数据等比缩放后比例失衡，故只对烫样本身做出了调整而贴签数据仍为原数据。从老照片中的木兰艭和烫样的对比中我们可以发现，照片和烫样中的柱高出入并不大，且根据老照片中人与船殿的比例，明显一、二层船殿柱高都较贴签数据有所调整，上述推断应该是成立的。

在烫样数据的基础上，又将彩绘立样、烫样及老照片三者进行对比，天津大学据此绘制了木兰艭的 CAD 复原草图，后又经过对船殿及船身个别尺寸结构的校对调整，最终修改完成了一整套木兰艭平、立、剖面复原图纸，直观形象地再现了木兰艭的空间形制和构造。此成果为北海木兰艭的复原再现提供了可靠的数据和图像支持。

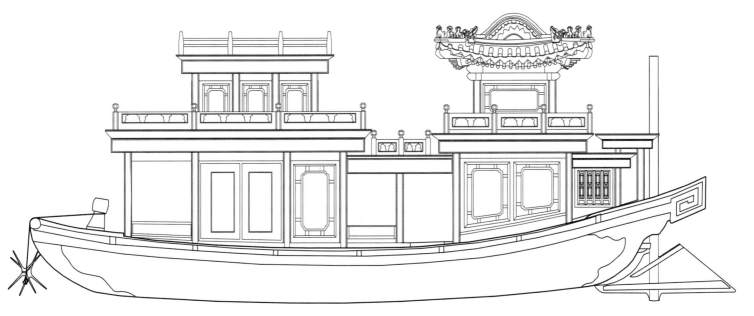

木兰艭侧立面复原图

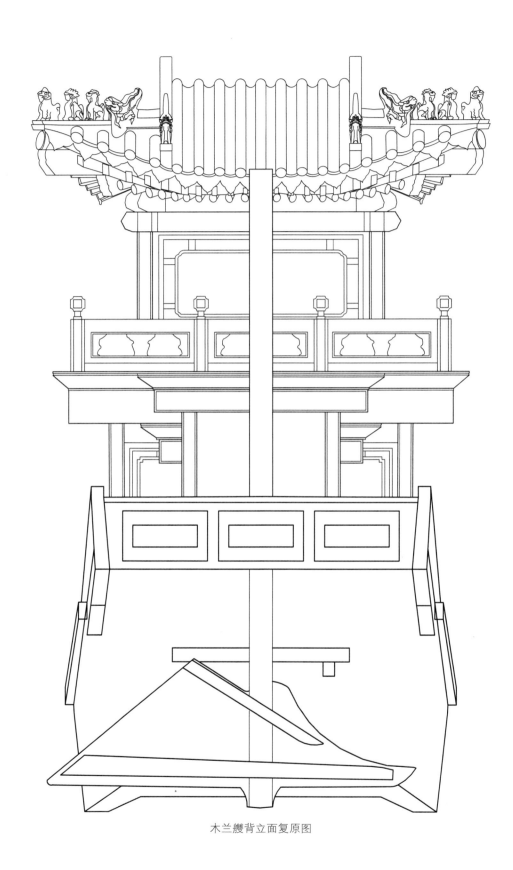

木兰艧背立面复原图

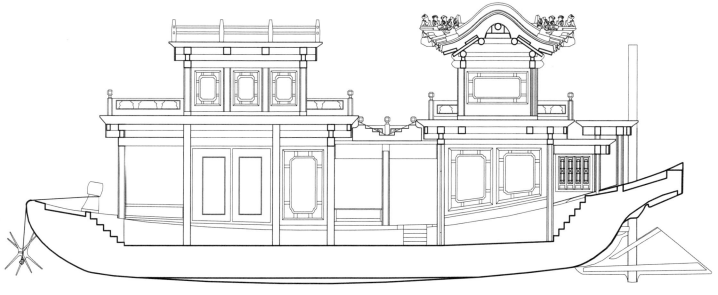

木兰艘剖面复原图

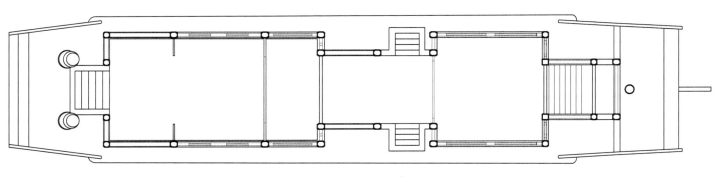

木兰艘一层平面复原图

二、北海再现

北海作为中国延续使用时间最长的皇家园林，从元至清的许多文献都记载了帝王泛舟西苑北海的场景，如《元诗选初集》载："凤吹广寒殿，龙舟太液池。"[1] 此处太液池即指北海和中海。乾隆也多次泛舟太液池，并留下几十首这一主题的御制诗，如《圣制太液池泛舟游览遂至画舫斋诗》："堂处漪澜早备舟，遂教六棹奏黄头。"[2]

清代，北海船坞曾经停泊过许多御船，"船坞旧有御舟甚多，如瀛槎、仙汉乘春、太液翔鸾之类，其名不一。又有酒船、茶船、纤船、扑拉船、牛舌头船、膳船，皆所以备随员者。中有蓬岛飞龙一船，尚是前明所遗，飞甍重楼，庄丽称甲。乾隆间尚加修饰，以其重滞不复乘用。迨道光间，三海之船户、网户，十九汰去矣"[3]。可见清代早中期北海御船数量众多，而自嘉庆后，国力日微，难以维系旧有开支，许多御船被逐渐废弃。如同治二年（1863 年）八月《勘估瀛台三海等处应修工程、船只冰床跳板等核明银两数目，列清单》就有记载："再陈设紫霞舟、蓬岛游龙、太液翔鸾大船三只，查勘均已糟朽，拆卸及堪用木植无多，应传毋庸拆卸……查得：三海修造船只及油饰船身、成搭罩棚圈厂、开挖船道、支楞垫墩、拉船上岸、推船下河，清挖河口淤泥各作短运等工作，拆换下棹船木植，拣选堪用等抵用，糟朽者拆作木柴抵修银两外。"[4]可见，同治时期三海内大船及其他年久失修的随侍船只均不再维修，而是被拆作他用。

及至 1925 年，北海经小规模修缮后正式开放为公园，残存的御船还曾为游客所使用。在现藏日本京都大学人文科学研究所的当时华北交通株式会社（1939~1945 年）的 35000 多张库存照片中，还能够看到部分北海御船的身影。

遗憾的是，这些曾在北海太液池上出现的御船都已于历史长河中湮灭，为复兴传统文化，传承皇家游船文化，2020 年，北海公园依托课题组的复原研究成果，在符合技术规范、动力系统、载客需求等要求的基础上，以现代造船技术对木兰艭进行复原建造。使用纵横混合骨架式结构，木包钢骨架，船体用玻璃纤维增强塑料，船身仿木，通长 20.99 米。屋顶形式

1941 年 7 月《北海莲花》
（京都大学人文科学研究所藏）

1941 年 7 月《北海漪澜堂》
（京都大学人文科学研究所藏）

---

1 （清）顾嗣立：《元诗选初集·丁集·揭侍讲傒斯·集贤大学士赵国公王开府庆八十应制》，中华书局，1987 年，第 1055 页。
2 北海公园管理处：《乾隆皇帝咏西苑北海御制诗》，中国旅游出版社，第 326 页。
3 （清）吴振棫：《养吉斋丛录》卷 18，中华书局，2005 年，第 227 页。
4 中国第一历史档案馆：《清代中南海档案》卷 2《修建管理》，西苑出版社，2004 年，第 31~36 页。

船首为平台楼座，船尾为歇山顶，后接平台游廊。船体立面门窗形式及色彩则参考北海建筑现状，采用"上五彩、下绿柱"的形制，彩画用包袱式苏式自然山水彩画，局部贴金，以求与周围环境协调统一。

2020 年底，北海公园复原的木兰艘顺利下水，"木兰艘"再现于太液池上。

北海公园复原的木兰艘

中国古代建筑模型的源流、发展与融合

张凤梧　李芄博

中国古代建筑营造活动中，制作模型用以推敲方案、上报呈览的做法历史悠久，模型用材多样，木料因取材方便、易于加工，成为最主要的材料，即称木样。明清时期，韧性更高的纸板逐渐发展成为建筑模型的主材，即合牌样、烫样。木兰艕模型以木为主材，辅以纸板，是木与纸融汇使用的模型典范。

《 中国古代建筑模型制作的传统 》
——从木样谈起

    中国古代建筑模型的产生与发展源远流长，最早可追溯到秦汉时期用作陪葬品的各类建筑明器，它们直接反映了当时人们对建筑外形与空间的认知。然其作用并非表现设计过程中的建筑形象，而更倾向于以既有的建筑为基础，为亡后世界所做的模型，故其本质上同因设计产生的、对应实际建筑的模型仍有区别。相关文献中存有直接记载的，用以推敲设计方案、表现复杂建筑形体的模型，则多以"木样"的形式出现。

东汉陶楼
左：国家博物馆藏河南荥阳汉王村出土彩绘陶楼
中：河南博物院藏河南焦作市台庄 41 号墓出土五层灰陶楼
右：河南博物院藏河南焦作市西郊出土五层彩绘陶楼

    "木样"即为以木材为主要材料制作的模型，它们常被用来表现家具、船、车、佛龛、房屋甚至塑像等的设计式样。木材的优势包括以下几方面：一是材料易于获取，且材料特性与对象实体接近，模型表现更贴近实物效果，通过对模型的观察可对其布局、形制乃至色彩优缺点进行取舍，进而使用到真实对象上；二是木材具有一定的厚度与强度，便于直接雕刻纹样，表现细节，而不像纸类材料只能进行平面绘制；三是我国古代木材加工技术相对成熟，制作模型自然也不成问题。

为建筑设计提供参考的模型制作，已知最早的案例是《魏书》中记载的蒋少游为太极宫所作模型[1]。此外，《悯忠寺重修舍利塔记》中记载隋仁寿元年（601年）各州郡多处修建舍利塔，隋文帝命"有司造样，送往当州"[2]，三年后依据这一塔样，共建造舍利塔111处。此样最后虽未留存，但从记载中也可见其对建筑实践的指导意义。关于这一塔样的具体制作材料与表现方式虽未见记述，但不难通过同时期其他关于建筑模型制作的文献来进行推断。如《隋书·礼仪志》记载宇文恺"依《月令》文，造明堂木样，重檐复庙，五房四达，丈尺规矩，皆有凭准"[3]，隋炀帝时宇文恺又"恺复献明堂木样并议状"[4]。北宋时期又有喻皓为开宝寺木塔的建造制作了模型[5]。由此推断，隋文帝时的舍利塔样也极可能为木样。

制作建筑模型虽然是中国古代工匠在表现和推敲建筑方案时的常用手段，但保留至今的实物却很少。幸运的是，晋祠博物馆中现存一具被研究者称为"小样"的木制宋代建筑模型，关于其对应的建筑实物仍无定论，但存在三种推测：一说为建造晋祠圣母殿时备选方案的小样；一说为难老泉与智伯渠交汇处专设的一座水榭楼阁的小样；还有一说为北宋天圣年间在晋祠修鱼沼飞梁时，曾有人计划将鱼沼飞梁建成楼阁式样而做[6]。无论是哪种，其用途均是作为建筑过程中的参考。

至清康熙时期，制作木模型来表现建筑方案的做法仍然存在，比较著名的是康熙十八年（1679年）十二月初三太和殿失火后[7]，康熙三十四年（1695年）重建工程中，时年七十余岁的匠师梁九"手制木殿一区，献于尚书所，以寸准尺，以尺准丈，不逾数尺许……"[8]，可见梁九制作木质模型技巧之精熟。同治时期的定东陵工程中，制作木质模型的情况也同样存在。同治十三年（1874年）九月，正值定东陵隆恩殿设计阶段，二十二日住工监督英大人、景大人、贵老爷会同算房、天恩厂赴孝东陵大殿进行测绘，以此为范本设计定东陵。测绘完成后，英大人便令同去测绘的天恩厂制作了孝东陵的"大木样"[9]，供接续方案的推敲。

故宫博物院古建部现仍存有两具木样。其中一具著录为"宫殿建筑模型"，对比其结构与平面形式推测应为定陵、惠陵或崇陵其中之一的隆恩殿模型[10]。模型底盘上绘有建筑外围布局，然图像信息中的贴签尚不清晰，故此木样归属哪一具体建筑还有待进一步确认。此外，故宫博物院古建部所存另一天坛祈年殿模型也为木样，其表现细致，各构件上存有贴签，具体制作时间待考。这两件模型不像进呈御览的木样，更似前文提及的孝东陵大木样，应是用来向工程相关人员说明建筑情况、指导施工的模型。

---

1 "少游又为太极立模范，与董尔、王遇共参之。"见（北齐）魏收：《魏书》卷91《术艺列传》，中华书局，1974年。

2 （唐）道宣：《广弘明集》，上海古籍出版社，1991年。

3 （唐）魏徵：《隋书》卷6《礼仪志》，中华书局，1997年。

4 （五代）刘昫：《旧唐书》卷22《礼仪志》，中华书局，1975年。

5 "将开建宝寺塔，浙匠喻皓料一十三层，郭（忠恕）以所造小样末底一级折而计之，至上层余一尺五寸，杀收不得。谓皓曰：'宜审之。'皓因数夕不寐，以尺较之，果如其言。"见（宋）释文莹：《玉壶清话》卷2，凤凰出版社，2009年。

6 祁伟成：《晋祠博物馆存宋代建筑小样的断代及修复方案（上）》，《古建园林技术》2019年第1期。

7 "丑时，火自西御膳房起，延烧后右门、中右门、西斜廊，寅时至正殿，复及东斜廊、中左门，至巳时火熄。"见中国第一历史档案馆整理：《康熙起居注》，中华书局，1984年。

8 朱启钤：《哲匠录（续）》引（清）王士祯《带经堂集蚕尾续文》卷7《梁九传》，《中国营造学社汇刊》第4卷第1期，1933年。

9 "英大人、景大人意思要遵照孝东陵大殿，龙凤石要照孝东陵花样。景大人谕：画孝东陵大殿地盘样，呈递。英大人又叫天恩做孝东陵大木样。"见国家图书馆藏样式雷图档366-0211包《堂谕档普祥峪普陀峪纪事》。

10 1933年金勋先生统计北平图书馆所藏烫样目录中存有一具"陵寝木质模型，残损不齐，宝顶长约丈余、宽七尺余，现存中海"，尺寸略大，应非此木样。

木样制作的传统一直延续至近代。营造学社时期，朱启钤先生在研究过程中曾聘请工匠制作了大量的古代建筑模型，还曾为建筑院系和建筑事务所代制模型，供研究、教学与展览之用[1]。营造学社制作的独乐寺观音阁模型还参加了 1933 年芝加哥博览会、1936 年中国建筑展览会及 1937 年第二次全国美术展览会等重要展览。20 世纪 50 年代营造学社解散后，学社所存图书资料分归文整会（1956 年更名古代建筑修整所）[2]，先前制作的独乐寺观音阁等模型也被转移至此，并在中国文化遗产研究院一直留存至今。此后，文整会成立了古建筑模型室，以著名古建筑模型制作匠师路鉴堂为领头人，聘请了路凤台、刘醒民、刘敏、邓景安、郭旺、白明仁、井庆千等木工匠人[3]，精心制作了北京智化寺万佛阁、山西应县木塔、山西芮城永乐宫、山西五台山南禅寺大殿、山西五台山佛光寺文殊殿、甘肃敦煌莫高窟第 431 窟木构建筑、河北赵县赵州桥等一大批建筑模型[4]，这批模型至今仍被完好地保存在中国文化遗产研究院。

　　除文整会集中做过大批模型外，20 世纪 60 年代，由单士元先生牵头，戴季秋、李惠林等大木匠师对故宫西北角楼、钟粹宫（1963 年）和御花园井亭（1966 年）三处带有明代工艺特征的建筑进行了模型制作[5]。另据马炳坚先生回忆，在 1968 年天安门重建工程前夕，他曾被调

独乐寺观音阁模型（中国文化遗产研究院藏）

1　"本社为普及营造知识起见，拟制古建筑模型多种，供展览及研究之用。现已将国内最古木建筑独乐寺观音阁，照原物二十分之一大小，制成木模型一座，并制其它辽金斗拱模型数种。"见《本社纪事》，《中国营造学社汇刊》第 5 卷第 3 期，1935 年。"本年度内，本社前后接受国立北洋工学院，国立交通大学唐山工学院，天津中国工程司，丹麦加尔斯堡研究院等处委托，监制中国建筑模型多种，供讲授及学术上参考之用。又代上海华盖建筑事务所监制清式彩画标本多种。"见《本社纪事》，《中国营造学社汇刊》第 5 卷第 2 期，1934 年。

2　据杜仙洲先生回忆。见何蓓洁，王其亨：《清代样式雷世家及其建筑图档研究史》，中国建筑工业出版社，2017 年，第 53 页。

3　崔勇、杨树森：《中国古代建筑模型源流》，《中华文化画报》2010 年第 6 期。

4　永昕群、温玉清：《咫尺楼台——漫谈中国古建筑模型》，《紫禁城》2010 年第 12 期。

5　刘瑜：《北京地区清代官式建筑工匠传统研究》，天津大学博士学位论文，2013 年。

去"紮小样"，制作天安门西梢间的木质模型，以备正式修建[1]。

时至今日，木样依然是各建筑博物馆、展览馆等用来展示中国古代建筑组群、单体乃至构件模型的首选做法，具体实例在此不再赘述。而木样实例的存在，也从另一个角度反映出中国古代建筑同木质材料千丝万缕的联系。

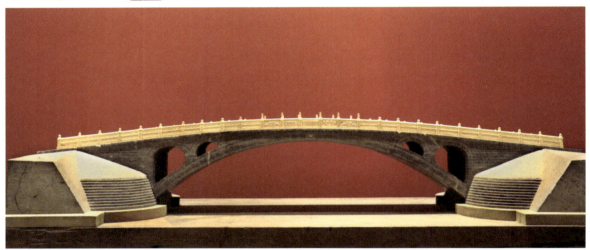

斗拱及赵州桥模型（中国文化遗产研究院藏）

---

1 "'紮小样'是在建造大型的或复杂的木构建筑之前，先将该建筑按照一定比例缩小做成模型。这个模型除按比例缩小外，它的构造、做法、节点、榫卯、比例关系等，要与所建造的建筑完全一样。目的是为预先熟悉构造、演练技术、发现问题、攻克难关，为建筑的正式建造做技术准备。这是古建筑木作行业传承了千百年的规矩。"见马炳坚：《天安门城楼重建历史补遗》，《古建园林技术》2017年第4期。

〈 模型材料的理性发展 〉
——合牌样与烫样

　　中国历史上无论何种模型，其发展过程中运用的材料与表现方式都不是单一的。如地图学领域中的三维地图模型，从东汉马援为光武帝刘秀"聚米为山谷，指画地形"制作的简易军用沙盘¹，到谢庄创制"木方丈图"，将山川土地雕刻成立体模型，按州郡的方位拼合成一幅完整的地图²，再到《梦溪笔谈》中记载的沈括借鉴和发展了谢庄的制图法，同样用面糊、木屑和蜡等轻型材料制造了木地形图——这种地图与平面地图相比较更有立体感，易于辨识，之后还有朱熹用胶泥制作的地图模型等。可见制作地图相关模型同样具有悠久的历史，采用的材料种类也较为丰富。地图模型材料的选择主要与是否能最直接地阐明所要表现的问题有关，建筑模型同样如此。伴随着材料的发展与古人对材料认知的不断加深，纸质模型在一段时间内成了建筑模型的主流表现方式，即合牌样、烫样。

　　同木材相比，纸质材料具有易绘画、韧性好、制作效率高等优越性，因而成了数量庞大的清代皇家活计设计与制作过程中的不二选择。纸类材料也并非均用于建筑模型的制作与表现，还曾应用于匣、插屏、斋戒牌、如意、衣物甚至地球模型等对象制成之前的参考模型。如现存国家图书馆的060b-008与060b-009两件藏品即为两件补子绣凤的烫样。此外，纸质材料制作的古玩模型也曾被镶嵌于通景画上，使画面整体真假结合、虚实相映，营造出更加逼真的艺术效果，亦使狭小的室内空间得到延伸。³

1　"于帝前聚米为山谷，指画地形，开示众军所从，道经往来，分析曲折，昭然可观。"见（南朝宋）范晔：《后汉书》卷24《马援列传》，中华书局，2000年。
2　"制木方丈图，山川、土地各有分理，离之则州别郡殊，合之则宇内为一。"见（南朝梁）沈约：《宋书》卷85《谢庄传》，中华书局，1974年。
3　张淑娴：《三希堂的空间构思》，《紫禁城》2016年第12期。

国 060b-008（左）及国 060b-009（右）样式雷图档（中国国家图书馆藏）

　　通过梳理各类相关档案，目前发现的最早出现皇家工程制作纸质建筑模型呈览的记载是雍正七年（1729 年）二月初九："太监张进德交来蓬莱洲合牌房样一座说太监刘希文着交造办处，记此。"[1] 这时称模型为"合牌房样"，即纸质的房屋模型。同年十二月初九，造办处活计档中又提到一则在造办处附近设计地窖的"合牌小样"，由海望呈览并得到了雍正的修改意见："南面窗户若开大，仍还透灰，砌砖时开一小窗户。钦此。"[2] 雍正八年（1730 年）九月，海望又将"乾清宫月台西丹墀内盖板房烫胎样一件呈览"，同样得到了修改意见："照样准做，前三间东安一槅断板靠南窗按床一张，北面做一炕罩，其房护墙周围用黑毡，月台上三间房顶周围墙俱用黄钻，再用白布做一鄂约，以备下雨用，钦此。"[3] 此外还有雍正九年（1731 年）六月制作的澄瑞亭烫胎小样[4]；乾隆元年（1736 年）二月制作的九州清晏烫胎合牌样[5]，三月制作的圆明园勤政殿、同乐园、长春仙馆烫胎合牌房样[6] 等。可见，纸质材料的建筑模型已经逐步在清代皇家建筑工程中应用、推广并逐渐成为主要的模型形式。乾隆元年后，各类工程档案中采用纸板制作建筑模型的记载仍然存在，名称却多以简洁明了的"烫样"二字表达，指明了制作模型时的熨烫工艺。"烫样"一词成为皇家建筑工程中建筑模型的主要称谓并流传至今。

1　香港中文大学、第一历史档案馆编：《清宫内务府造办处档案总汇》第 3 册，人民出版社，2005 年，第 451 页。

2　香港中文大学、第一历史档案馆编：《清宫内务府造办处档案总汇》第 3 册，人民出版社，2005 年，第 693 页。

3　香港中文大学、第一历史档案馆编：《清宫内务府造办处档案总汇》第 4 册，人民出版社，2005 年，第 374 页。

4　"（六月）初二日据圆明园来贴内称本月初一日内务府总管海望将做得御花园澄瑞亭改为佛爷前接抱厦三间，内里桌张并陈设装修烫胎小样一件呈览。奉旨照样盖造，钦此。今将烫胎样一件着栢唐啊苏尔迈送去抱厦三间，已交总理监修处照样接盖，内装修并陈设桌张令交造办处司库三音保催总刘三九用光明殿匠役需用工料银两，俟得实用数目，向总理监修处取领可也，于八月初二日司库三音保催总刘三九笔贴式，清宁为造供桌三张，佛柜一张，香桌三张，琴桌六张，成名内务府总管海望。着用造办处䌷缎物料其飞金木料银两向总理监修处取用记此。"见香港中文大学、第一历史档案馆编：《清宫内务府造办处档案总汇》第 4 册，人民出版社，2005 年，第 727 页。

5　"初七日委署司库八十持来九州清宴纸样一张说内大臣海望传照样做烫胎合牌样一件，记此。于本月十二日委署司库八十将做得烫胎合牌样一件持去，记。"见香港中文大学、第一历史档案馆编：《清宫内务府造办处档案总汇》第 7 册，人民出版社，2005 年，第 190 页。

6　"乾隆元年三月初十日，委属司库八十栢唐阿赫申七十九来说：内大臣海望交勤政殿地盘样一张、同乐园地盘样一张、长春仙馆地盘样一张，着照样做烫胎合牌房样记此，于本月二十八日委署司库八十将做得合牌烫胎房样记此。于本月二十八日委署司库八十将做得合牌烫胎房样三件持去，记。"见香港中文大学、第一历史档案馆编：《清宫内务府造办处档案总汇》第 7 册，人民出版社，2005 年，第 129 页。

烫样可按表现方式分为表现组群的全分烫样、表现单体建筑的个样及表现内檐装修的细样或花样。伴随着烫样工艺的不断发展，其制作材料逐渐多元化，模型表现也愈加丰富。就现存的这一批制作时间集中于同治、光绪时期的烫样来看，部分比例较大建筑的山墙、柱等结构构件在烫样制作中采用了木材，一方面便于替换可插入的内檐装修板片，同时可以提高烫样强度，并增加其艺术表现力。部分全分烫样中的叠石、踏跺等则以黄泥、树皮等材料制作，山体选取黄泥做基础材料，树木以烘干的蒿草外卷纸张固定。部分比例较大的个样中还选用了透明材料来表现玻璃。

　　也正是因为现存已知建筑烫样中多以纸张上色表现建筑形象，以木材表现结构，像木兰艭这样以木质材料为主，纸质合背表现内部装修为辅的案例便更显珍贵。

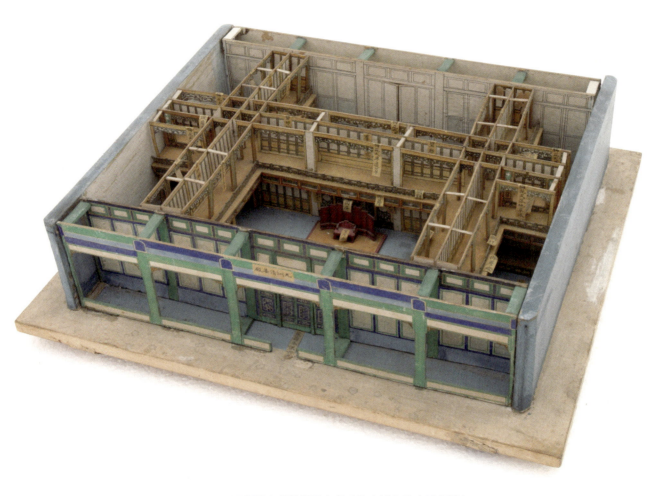

圆明园九州清晏殿个样（故宫博物院古建部藏）

天地一家春殿个样（故宫博物院古建部藏）

圆明园天地一家春殿个样（故宫博物院古建部藏）

木纸融汇的范例
——木兰艭

木兰艭烫样为五寸样，即按 1∶20 的比例制作，按其规模来看，属于个样。其所用材料较多，船身、船殿大木结构、卷棚屋顶为木制，搏风板为木胎，筒瓦为木胎纸塑，脊兽为泥胎纸塑，船殿的隔断门罩、门窗、滴水为纸塑，窗玻璃为赛璐珞胶片，除门窗外其他构件通过髹漆分别粘合成独立的船殿或屋顶构件。船身髹漆，胎漆为鹿角霜，表漆为红褐色，使其能够置于水中。此模型综合运用了木材、纸张、透明材料等，不同材料在船体的不同位置凭借各自材料的特性最终共同完成了模型表现[1]。但从严格意义上来讲，此模型主体材料为木材，屋顶等部分也采用了木胎，纸张仅起了配合作用，制作的方式也同一般烫样存在一定差异，故将其归入木样范畴更为合理。单就模型的艺术表现来说，它同样体现出与光绪中后期建筑烫样趋于精致的特点。

木兰艭模型的制作时间为光绪二十三年（1897 年）以前[2]，此时关于采用纸类材料表现各类对象的记述早已臻于成熟，为何此船样仍选取木材做主要材料呢？主要有以下原因：第一，对象本身为船只，而现存档案及实物均无采用纸类材料制作船只模型的记载，木兰艭应是遵循传统；第二，对于船只一类的对象，由于不规则的异形构件较多，故采用木材做主要材料一定程度上可提高制作效率，且更容易贴近实物；第三，也是最重要的一点，即此模型展示过程中很可能需要浮于水上，而纸质模型不可浸水，此船样中船身髹漆，胎漆为鹿角霜的敷漆处理也说明了这一点。用模型模拟实物进行试验或展示的情况在古代并不罕见，如南宋孝宗淳熙八年（1181 年）在浙江临海灵江所建中津桥，设计过程中"庀工徒，度高下，量广深，立程度，以寸拟丈，创木样置水池中，节水以简，郊潮进退。观者开谕，然后赋役"[3]，不仅明确了制作木质模型的比例为 1∶100，甚至将模型置入水中来进行模拟试验。木兰艭虽非战船，但展示过程中为表现模型在水中的效果也极可能将其置于水中进行展示。

1　"烫样做工精细，二层的平台顶、卷棚歇山顶、船殿可以拆卸，色彩及装修细节丰富，船殿柱和地伏装饰纹样题材有蝠、喜、寿，挂塘板和额枋上绘片金苏式彩画，心间彩画题材为山水、人物、花鸟等，室内装修陈设做法在船殿贴签上有详细说明：（前抱厦与中殿前室间设）二面水纹式嵌梅花落地罩，（中殿前室与后室间设）锦元光罩，（中殿与平台廊间设）雕作二面，（后殿门口设）雕作二面蝠流云八方罩，（净房门口设）二面灯笼框碧纱橱。"见张龙、谢竹悦、王博等：《慈禧太后的御船"木兰艭"及其样式雷图档研究》，《2020 年圆明园研究保护利用国际学术研讨会论文集》，天津大学出版社，2020 年。

2　张龙、谢竹悦、王博等：《慈禧太后的御船"木兰艭"及其样式雷图档研究》，《2020 年圆明园研究保护利用国际学术研讨会论文集》，天津大学出版社，2020 年。

3　（宋）陈耆卿：《赤城志》，文渊阁《四库全书》。

　　此外，对于相关研究中指出的模型表现的高度存在夸大等问题[1]，也同这一时期的建筑模型表现特点相吻合。而由于暂无其他船只模型的尺寸数据，木兰艭高度夸大的模型表现方式是同建筑烫样一脉相承，还是历来制作模型时为艺术表现均采用了此种方式，还有待进一步研究。但毋庸置疑的是，无论木质模型还是纸质模型，发展到这一时期均已形成并完善了其表现技巧与制作规律。

　　就现有档案文献来看，以烫样作为皇家建筑工程模型表现方式的时间约在雍正末期，相对木样的产生来说已然较晚，但伴随着烫样技术的不断成熟、烫样细节的不断优化、匠人们对相关材料的不断熟悉，各模型的表现已不再仅仅采用单一材料，金属、泥、蜡、纸、木材及透明材料等分别凭借各自的材料特性在各类皇家工程模型中发挥着重要作用。而木兰艭模型也正是烫样和木样技术均发展成熟之后的产物。木兰艭模型既继承了传统船只模型及其他木质模型的表现方式，也吸收了烫样中纸类合背对内檐部分的表现。即使在模型材料不断多元化、模型表现渐渐丰富的今天，其艺术表现力仍非同凡响。

1　"在立面上，所有柱高尺寸都较贴签标注显著增高，二层船殿柱高增加近1倍，敞厅柱高增加1.5倍，更充分地表达层高较低、整体较扁的船殿，明显是有意而为之，推测样式雷在制作烫样时，为追求表现性和视觉效果的美观，在参照真实建造尺寸的基础上，进行合理的夸张表达，而用贴签标注准确的施工尺寸，体现了样式雷根据建筑表达方式的不同而灵活进行尺度调整以弱化因观赏视角不同而带来的视觉偏差的表现技法。"见张龙、谢竹悦、王博等：《慈禧太后的御船"木兰艭"及其样式雷图档研究》，《2020年圆明园研究保护利用国际学术研讨会论文集》，天津大学出版社，2020年。

颐和园帝后御船录

翟小菊

　　木兰艭，一艘慈禧皇太后专用的彩绘楼船。在昆明湖所有的皇家游船中，它并不十分出众。但它的存在，诠释了中国古代建筑大木结构的一个门类，也生动地展示了晚清皇室在颐和园中的活动。这件由赫赫有名的样式雷设计制造并完整留存至今的游船烫样，成为了解中国皇家建筑、游船、历史文化、工艺及艺术最真实的物证。

慈禧太后的御座船

一、昆明湖上走御船

昆明湖是京郊皇家园林颐和园的主要构成部分，清乾隆十四年（1749年）基本形成现在的规模。这里是北京西北郊著名的风景游览区，从元代开始，统治者就经常前来游湖，各式各样的御船游弋湖中。史书记载元代皇帝有专门游湖的"御舟"。元至顺三年（1332年），文宗来游湖，"调卫士三百挽舟"，也就是调来300人为御船拉纤，可见御船的规模。明神宗从十三陵祭祖回来，也曾在湖上水猎，龙舟阵容庞大，"后妃嫔御皆从……是时艅艎青雀，首尾相衔，即汉之昆明殆不过是"。到了清乾隆时期，昆明湖成为皇家苑囿的一部分，湖面上通行的御用船只和类有游船、茶膳船、水操战船。乾隆居住在圆明园时，每日要乘坐御船经昆明湖至玉泉山静明园去给母亲请安。昆明湖还是一条重要的水上通道。乾隆朝，昆明湖上行驶的最大的御船名"昆明喜龙"，是为乾隆七十大寿专门定制的。1780年，六世班禅从西藏进京为乾隆祝寿，乾隆特赐其乘坐新造的昆明喜龙号御船，至大报恩延寿寺烧香。可见御船在清代除了游览、交通外，还有着政治用途。

二、慈禧的旧园残梦

颐和园在清代经历了"三建二毁"，御船与园林建筑同期出现，并与园林的兴衰相始终。颐和园的前身清漪园始建于清乾隆十五年（1750年），是清代在北京西北郊建造的"三山五园"中的最后的一座。清漪园命名于乾隆十六年（1751年），而清漪园的御船也出现于同一年。中国第一历史档案馆藏清漪园陈设清册中记录了清漪园时期的十艘御船，名称分别为"镜中游""锦浪飞凫""芙蓉舰""澄虚""景龙舟""祥莲艇""万荷舟""九如意船""镜水"和"昆明喜龙"。其中镜中游是一艘楠木彩漆装修船，船身长五丈九尺六寸，乾隆十六年六月初四日浙江巡抚永贵进；锦浪飞凫是一艘彩漆湘妃竹装修船，身长四丈四尺，乾隆十六年八月圆明园交进；芙蓉舰是一艘楠柏木油画装修船，身长五丈四尺四寸，乾隆十六年由圆明园交进；澄虚是一艘楠木装修船，身长四丈五尺五寸，乾隆十六年八月由奉宸苑交进；景龙舟是一艘彩漆装修船，身长五丈九尺九寸，乾隆二十二年七月十五日由浙江巡抚杨廷璋进；祥莲艇是一艘紫檀楠木装修船，身长四丈三尺，乾隆二十二年七月十五日普福进；万荷舟是一艘亭式船，身长四丈四尺二寸，乾隆三十年杭州府同知张铎进，此船舱内安楠木荷花式宝座和香几，与船名相衬。九如意、镜水和昆明喜龙三艘船没有标注进献的时间和人名，应为清漪园自行打造的御船。九如意身长三丈三尺，上安花梨椅式宝座，黑漆五彩小照背；镜水是一艘楠木装修船；昆明喜龙为五彩楼船，长十三丈五尺，船高二层，上设有楼亭，船上陈设着各种古玩珍宝及佛像460余件，像一座豪华的水上宫殿。

清漪园中还有两类舟船，一是水操战船，二是茶膳船。水操战船不仅在档案中有大量建造及维修的记录，还有绘制精细的水操图式。从中可以看到乾隆时期对昆明湖水操的重视。茶膳船是帝后游湖时的服务用船。

此时期清漪园中的御舟样式比较新颖，打造精细，装修典雅，陈设精美。船的来源在园林修建前期多为其他园林调拨和大臣进献，后期有专项设计。其特点有四：一是大，最大的御船长四十余米；二是用材讲究，有楠木装修、紫檀装修等；三是陈设华贵，有的船上陈设多达数百件；四是配套，船上的宝座、御案、屏风等陈设一般都与御船的名称、材质、形式相对应，显示了乾隆时期经济的富足。关于御舟的文字记载较为翔实，但留存至今的船样仅有"水操图"中的战船。此图全称《威远健字枪磁队健锐营马队威远利字枪磁队外火器营马队水军磁船合操阵图》，图中绘制了乾隆时期清漪园昆明湖南湖岛至玉带桥之间水军操演的十二个阵势，从中不仅可以看到磁船（水操战船）的样式，也印证了当时在清漪园昆明湖中操演水军的历史。

光绪时期的颐和园，被慈禧修造成为一座兼具政治、生活与娱乐的行宫，御船是其出行、游玩必不可少的工具，因此御船的制造是专门为慈禧量身定制，特点是根据主人的身份打造装饰，宫廷生活气息浓重。光绪时期可见诸记载的颐和园御船有两类，一是帝后的游船，有名称的有镜春舻、木兰艭、水云乡、鸥波舫、平台船、位分船等；二是火轮船，有名称的有永和、翔云和捧日，是御船的拖带船。还有一艘安澜，其外观是汽艇的形式，但是没有机械动力。此时期御船的文字记载较少，但样式雷设计的图纸较全。此处，仅存的木兰艭烫样和许多历史影像，也显得尤为珍贵，

木兰艭是专为慈禧设计的御船，采用了乾隆时期昆明喜龙的楼船形式，装饰华丽，颐养与长寿的元素较多，处处显示慈禧太后的尊贵。她的另一艘御船镜春舻，船舱顶部桅杆上攀伏着一只巨大的、展翅欲飞的彩凤，比木兰艭更注重身份性装饰。其他的御船大多是为帝后专门设计的。这些御船与颐和园的园林古建一样经过了精心的设计和建造，不仅传承着皇家的建筑文化，也传承着皇家的御舟文化，对中国古代建筑和中国古代船舶的研究都有着重要作用。

样式雷的建筑设计与烫样

至今发现的样式雷家族设计中以皇家建筑居多，御船存世较少，尤其是御船烫样，至今可见的仅有一件，属于烫样中的罕见品种，极具史料与艺术价值。更难能可贵的是，御船的设计图纸、烫样、照片经过梳理，形成一个完整的历史发展序列，对了解颐和园御船的建造及传承极具价值。

一、御船图样

样式雷设计并存世的建筑图档超过 20000 件，其中关于颐和园的约 700 件；而皇家船舶的相关设计目前仅见 30 多件，其中可以确定为颐和园御船的设计约 20 件。

颐和园御船是帝后出行和游湖的御用船，不仅是水上的船只，还是御苑中移动的宫殿。御船与古建筑同为大木结构，设计程序是相同的。从存世的样式雷图档分析，样式雷设计图样的完整远程应有粗图（或草图）、精图（或详图）两部分。精图又分为总平面图、透视图、平面与透视结合图、局部放大图、装修花纹大样图等，在用途上还可分为进呈图、留底图、改样图等。每份图样有相应的工程做法（做法册）和工程预算（算房高家档案）相配套。经过百年的流传，今日我们能看到的样式雷设计御船图样已经不完整，但经过梳理仍然可以形成从设计粗样到呈览细样的系列，能够反映出样式雷的设计思想和设计过程，为我们解析颐和园御船的设计、建造及历史流传提供重要依据。

现仍存世的样式雷设计御船图样主要收藏在中国国家图书馆、中国科学院图书馆和中国第一历史档案馆中。中国国家图书馆善本部舆图组收藏的船样均为墨绘图，反映了清代御船从设计初始到逐步细化图纸的过程。笔者所能见到的 20 张船样设计图，共涉及现办、现修、新拟等十艘（类）船。其中"现办"是正在进行的设计，"新拟"是准备进行的设计。从图中草书或正书说帖上可以看到：图样中的现办船有平台式活轴八杆桅船、主位船、快船、茶膳船；现修船有军机船、纤船；新拟船有扑拉船，还有一些精细图绘制的没有标注说明的平台船、棚船和船的分体局部透视图等，大部分的图样都标有设计尺寸，如："现办平台式活轴八杆桅船，通长三丈三尺""现办主位船，通长三丈""现办茶膳船，通长一丈八尺""新拟扑拉船，通长二丈九尺九寸"等。从图样的设计形式、尺寸、说帖等可以看出，平台船和主位船是帝后的御座船，茶膳船和扑拉船则是御船的跟随船及服务用船。在中国国家图书馆收藏的船样中，有一张小御船的设计图，船舱中设有宝座，上支搭船篷，黑白带透视及细部结构的设计图样上没有任何说明，但绘制得非常精致。笔者曾在中国第一历史档案馆见到过一张彩图与此船相似，彩图年代为乾隆时期，船中宝座镶嵌着景泰蓝的座心，图案与颐和园藏乾隆时期的景泰蓝镶嵌宝座的图案近似，可惜当时未能留下影像和记录。在中国国家图书馆收藏的船样中还有四张图上标注着船名"红船""翔凤"，这两艘船的设计图每种有两幅，先粗图后细图，其中标示着"翔凤"的细图中的文字是由粗图中的"香凤艇"圈改而成。《扬州画舫录》记载，乾隆南巡舟名安福舻、翔凤艇、湖船、扑拉船，皆所谓大船也。可见"翔凤"是乾隆皇帝南巡时的一艘御用船。光绪时期，慈禧的一艘火轮船也曾沿用此名。由此可见，中国国家图书馆收藏的御船图样，是样式雷皇家御船设计雏形的一部分，设计的年代为清乾隆到光绪时期，虽然遗存的图样不完整，但在设计思路上可以看出光绪时期的御船在一定程度上沿用了乾隆时期御船的形式和船名。但这 20 张船样，均不能确定是颐和园御船的设计图样。

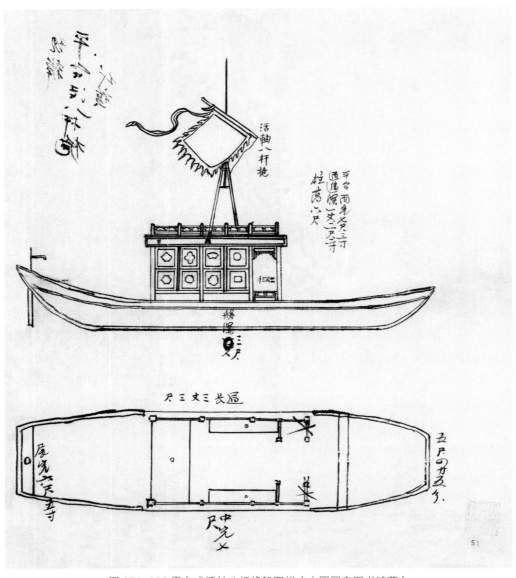

国 051-003 平台式活轴八杆桅船图样（中国国家图书馆藏）

国 051-006 翔凤艇图样（中国国家图书馆藏）

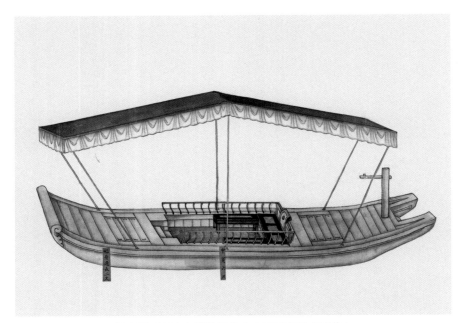

国 337-0131 小御船图样（中国国家图书馆藏）

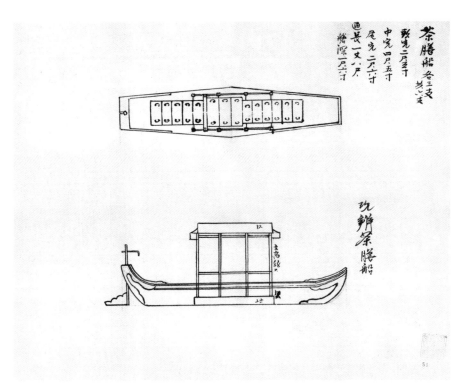

国 051-11 茶膳船图样（中国国家图书馆藏）

中国科学院图书馆收藏的样式雷御船图样为一彩绘图册，全名《御座镜春舻水云乡平台船木兰艭鸥波舫位分船轮船炮船并车棚楼扑拉纤船册页》（以下简称《册页》），该册页半页长约37、宽约25厘米，封面和封底为厚约0.7厘米的檀木板。题名刻于封面正中，"御"字红色，其余填石绿，题名右侧刻有"光绪年月日"字样。内共有16幅绘制工整的彩色立面透视全图，涉及14艘有名称的御船：镜春舻、水云乡、平台船、鸥波舫、木兰艭、位分船、车棚楼船、安澜洋船、翔云轮船、捧日轮船、扑拉船、炮船、纤船、洋划子。图纸用黄绫包边，每图右上角都贴有黄纸贴签，标明所绘船名及尺寸。彩图绘画精致准确，册页装潢庄重华丽，是进呈皇帝御览的设计准样。该图册封面刊刻注明为光绪时期的御座船，也就是当朝慈禧太后、光绪皇帝及后妃的御用船只，但没有注明具体年份。从御船设计的形式、种类、数量（炮船、纤船、洋划子、扑拉船的彩图上写明照此样做四只、做八只等）等分析，这些御船应是为光绪十四年（1888年）在清漪园基础上重修的颐和园设计的，仿照了乾隆时期清漪园的御船规模。

中国第一历史档案馆藏的慈禧万寿专档，对上述御船有很真实的记载："皇太后御用镜春舻船一只，停在颐和园内船坞；御用木兰艭船一只，停在西直门船坞；皇上御用水云乡一只，停在颐和园内船坞；御用鸥波舫船一只，停在西直门船坞；位分船二只，颐和园、西直门船坞各一只，均著安挂彩绸……"此为光绪二十三年（1897年）慈禧63岁庆辰档案，证实了中国科学院收藏的样式雷御船图样是为慈禧、光绪及后妃专门设计的，而且按照设计完成了制造，成为颐和园的专属御船。

近几年，一些承载着御船影像的历史照片陆续被发现，使我们对颐和园御船的设计、制作及流传过程有了进一步的了解。下面笔者以样式雷设计的御船彩图为基点，对颐和园御船的设计、制造及流传做一简要叙述。

慈禧的御座船镜春舻，船身通长六丈五尺，舱楼为带抱厦的两卷式屋顶建筑，上插一根旗杆，旗杆上攀附着一只硕大的彩凤，凤凰的羽毛五彩斑斓，一双利爪紧握旗杆，头朝左，尾朝右，翅膀伸展作欲飞状。船尾飘扬着四面满覆流苏璎珞、绣着精致凤凰图案的旗帜。这艘船在图册中的设计尺寸最大，彩绘及装饰华丽，规格等级高，船主人的身份特点明确。镜春舻平日就停

镜春舻彩色立样（中国科学院图书馆藏）

放在颐和园的船坞中，慈禧乘用游湖或从水路回紫禁城时，前面要用汽艇进行拖带。1930 年，这艘船曾被国民政府修理待客营业，因此直到民国时期，还能在昆明湖上见到它的身影，只是船顶上的彩凤已经没有了踪迹。1938 年，镜春舻沉入西堤附近的湖底。

镜春舻旧影

木兰艘是慈禧在颐和园中的另一艘御座船，船长五丈七尺，船舱舱楼为一平顶、一歇山顶，装饰比较华丽，但没有旗帜标志。这艘船平日停放在西直门倚虹堂船坞，供慈禧从水路往来颐和园时乘用。民国时期也被用来在长河上载客。

木兰艘彩色立样（中国科学院图书馆藏）

光绪的御座船水云乡，船身通长六丈四尺，比镜春舻仅仅短了一尺。船楼为带抱厦的三卷式屋顶建筑，船舱木构架上安装着大玻璃，下部绘制淡淡的花纹，船体装饰高贵典雅，船尾立着四面龙旗，显示出皇帝的身份。水云乡平日停泊在颐和园内的船坞里，皇帝乘坐时，前面也要有火轮船进行拖带。清末民初时期，水云乡经常出没在昆明湖上，留下了许多影像。

水云乡旧影

水云乡彩色立样（中国科学院图书馆藏）

光绪乘用的另一艘御船鸥波舫，船身通长五丈六尺，虽然没有水云乡大，却非常有特色。这艘船的船楼建造形式极为丰富，有歇山顶、方亭顶、卷棚、抱厦、平台等，船舱木构架上安装大玻璃，四边有冰裂纹，装饰着蝙蝠、如意、福寿等图案，舱门有瓶式门和圆光门。船体建筑很华美，船上虽然未插龙旗，但依然可以看出主人高贵的身份。鸥波舫一般停放在西直门倚虹堂船坞内，供光绪从紫禁城往来颐和园时乘用。

在中国科学院图书馆珍藏的御船图册上还有几艘光绪后妃的座船，它们没有名字，其中一艘按照船舱楼的样式命名为"平台船"。这艘船长五丈八尺，比光绪的御船整整短了六尺，船的样式很普通，船舱为中国典型的平台式古典建筑，但船尾处飘扬的四面凤旗显示出船主人的身份。《颐和园游船场所存船只清册》记载，1928年这艘船在昆明湖沉漏。还有一艘位分船，

鸥波舫彩色立样（中国科学院图书馆藏）

也是平台样式，但体量仅有四丈五尺，比平台船小很多。位分船装饰的比较素雅，蝙蝠式冰裂纹的窗子，船舱上部装饰卷草花纹，下部绘有蝙蝠和"寿"字图案。船身小巧精致，又不失皇家的大气。

彩色图册中还有三艘御船不是大木结构的设计，其中"安澜舼"被称为洋船，外观为铁壳木顶的汽艇形式，但是没有机械动力。船头和船尾各插一面龙旗，表示其皇家御船的身份。船上的木制匾额雕刻精细，为慈禧太后御书。这艘御船在 1949 年后还停放在颐和园的船坞内，"文化大革命"时被锯碎卖了废铁，只有"安澜舼"匾额一直保存至今。还有两艘样式大致相同的轮船名"翔云""捧日"，它们的区别在于"翔云"中部无轮，"捧日"中部有轮，均是慈禧和光绪座船的拖带船。除此之外，图册中还有车棚楼船及扑拉船、纤船、洋划子等，是帝后游湖时不可缺少的服务用船。

二、御船烫样

烫样是根据设计图样，在建造前按实物等比例缩放制作的模型小样，专供皇帝审定。模型小样以纸板、秫秸和木头为原材料，用剪子、毛笔、蜡版、小烙铁等工具制作，是当时营造情况最可靠的记录。因其形象逼真、数据准确，具有极高的历史价值。样式雷设计制作的建筑烫样流传至今的约有上百件，大部分收藏在故宫博物院，御船烫样存世仅见一件，即为下面要介绍的木兰艭烫样。

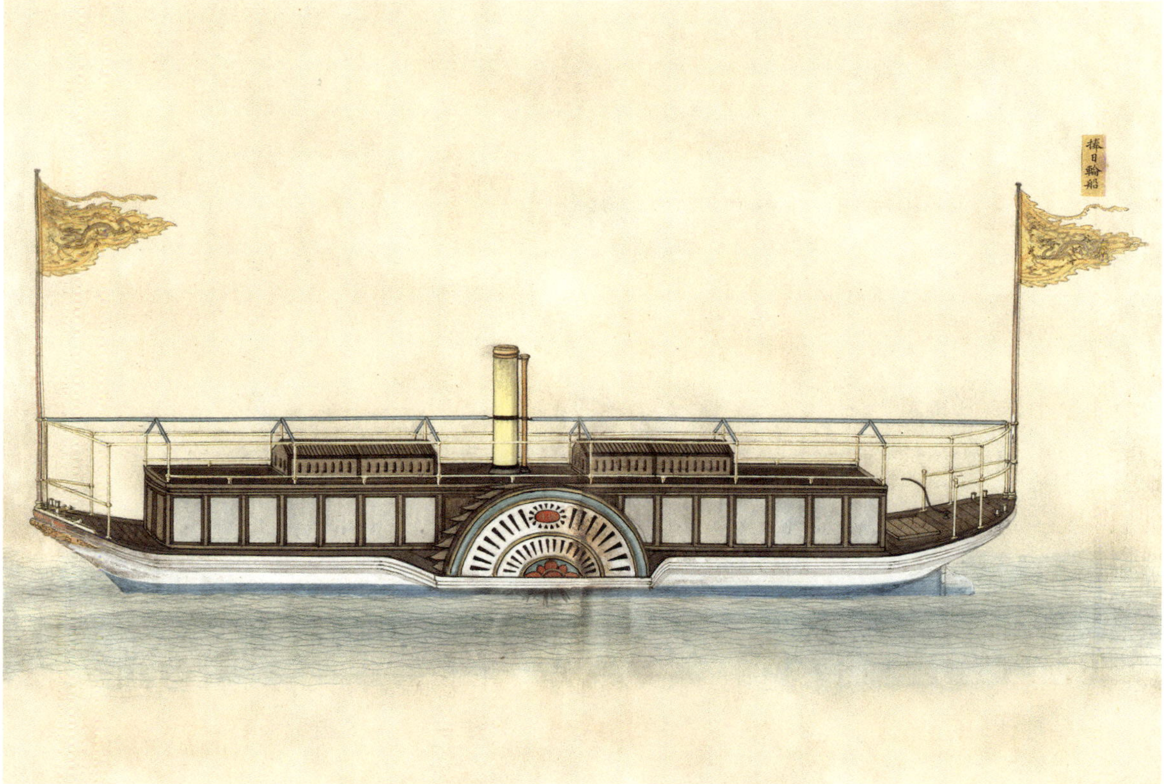

捧日轮船彩色立样（中国科学院图书馆藏）

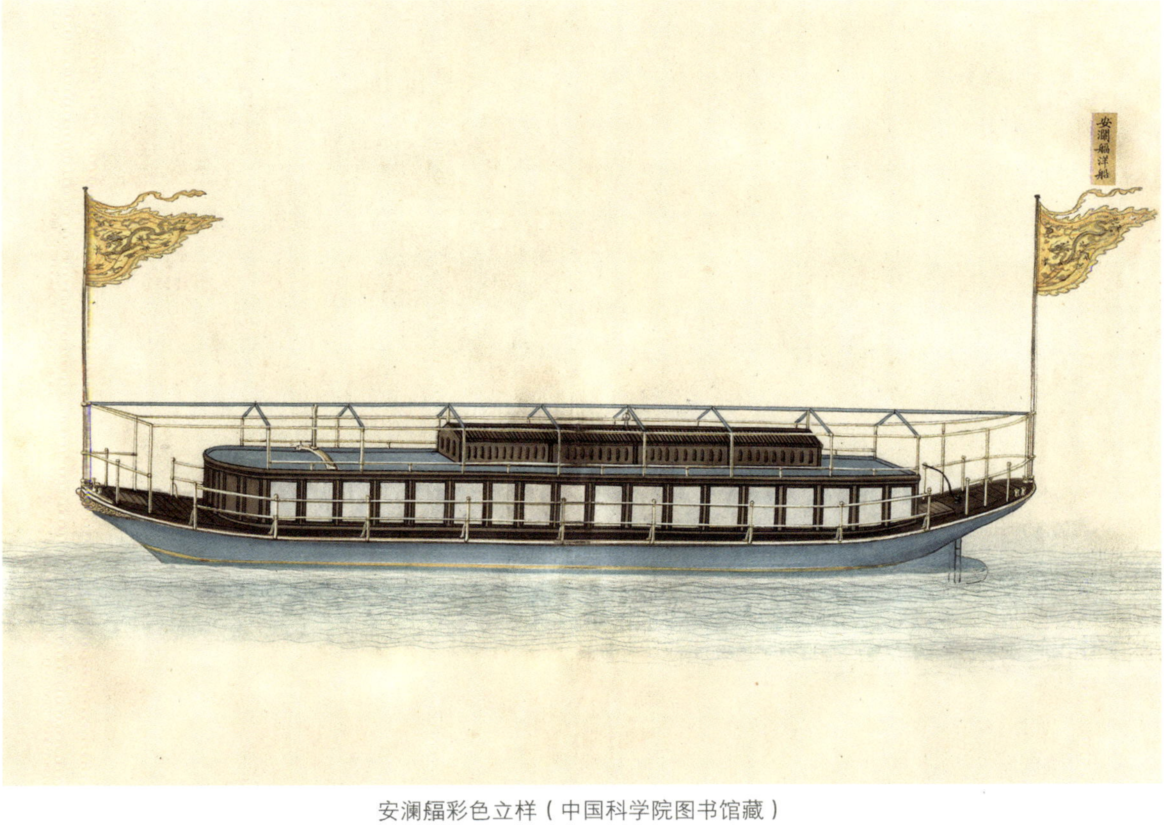

安澜䑸彩色立样（中国科学院图书馆藏）

《 木兰艘的建筑艺术 》

　　木兰艘御船烫样长 1.07 米，前有双锚，后有舵桨，保存完整。船体为木制，外层油刷的大漆底下，是一层非常珍贵的鹿角胎漆，这种传统工艺一般只用于精致的古琴制作上，在故宫倦勤斋的珍贵家具上也使用了这种工艺，现在鹿角胎漆的工艺已经失传，御船烫样的出现，对考证御船制作及工艺传承具有重要价值。

　　烫样的船舱为二层，舱楼为一歇山顶、一平台顶，自下层顶部以上，皆可分部件揭开，展现内部结构。烫样的构件、室内装修，均有黄签说帖，其上以工整的馆阁体墨书标明各处尺寸，船舱下层标示"前抱厦进深六尺""中殿进深八尺""平台廊进深五尺""后殿进深一丈"；上层标示"敞厅进深七尺""上层平台面宽七尺"等；舱内装潢标示"二面水纹式嵌梅花落地罩""雕作二面蝠流云罩""二面灯笼框碧纱橱"等。船舱的窗扇使用了中国早期进口的赛璐珞透明胶片，周边饰以万福万寿纹，全船以苏式彩绘山水、人物、花鸟装饰，色彩丰富，风格华丽。船头上贴签虽然有损，但可看到残存墨迹："……身通长五丈七尺，加长三尺，改进通长六丈。"说明烫样经过皇帝审定后，要加长改进。这件御船烫样不仅制作精致考究，更重要的是它与颐和园御船的设计、制作和流传都有着重要关系。首先，御船烫样的船舱与中国国家图书馆藏 350-1351 设计图中的船舱样式极为接近；整体与中国科学院图书馆藏木兰艘设计彩图大体相似；还和 1900~1906 年，日本人山本赞七郎拍摄的停靠在颐和园昆明湖西堤岸边的御船基本一致。把墨图、彩图、烫样、历史照片排列在一起，就能很直观地看到颐和园御船从设计初稿到完善细稿，再到制作小样，最终到完成大船制造的全过程，这个过程反映了颐和园御船变迁的历史和当时的建筑设计与工艺制作流程，也反映了清代统治者的物质和精神追求，是进行颐和园历史文化研究的珍贵实物，也是研究雷氏的设计思想、设计制造过程的重要资料。

关于木兰艘 清末历史的两个谜题

田家青

木兰艘虽然只是一艘行驶在河湖上的游船，但由于它的主人是掌控了中国半个世纪之久的慈禧太后，这艘小小的游船就具有了牵动清末政府紧张而敏感的神经的能力。

北洋水师组建与颐和园重修几乎同时发生，并同样投入了大量的财力，这对于清政府来说是一种极大的负担。

她幻想着天朝上国的美好景象，却忽视了的军事力量的积累。使得邻国日本乘虚而入，甲午海战击碎了她的美梦。而木兰艘就好比一件华丽却不实用的装饰品，被吉野号嘲讽着，徘徊于玉河之上，渐渐被历史所遗忘。

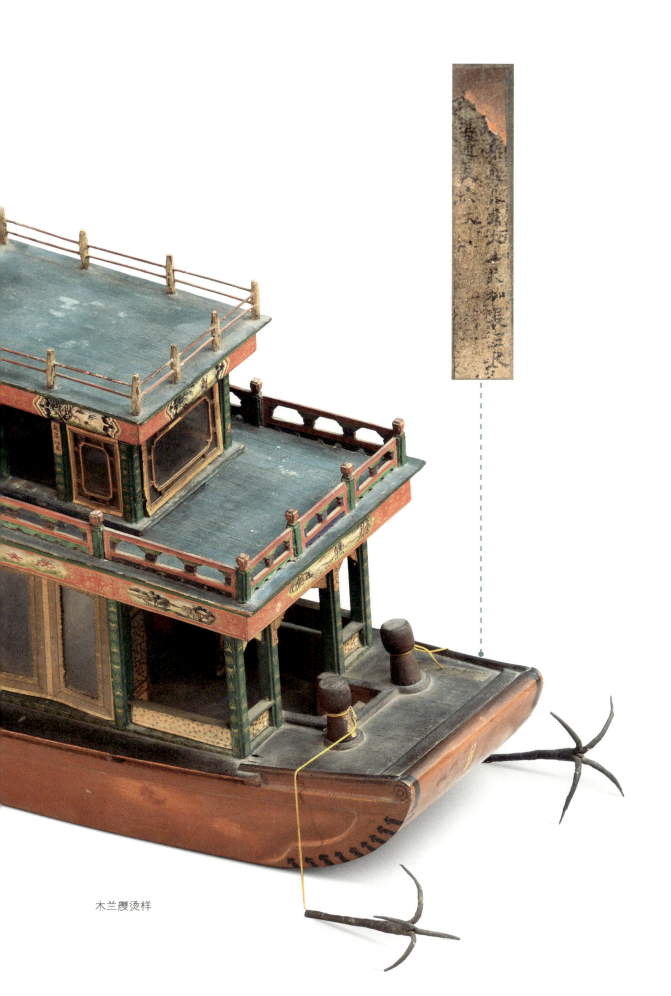

木兰艘烫样

吉野号与木兰艧

木兰艧的烫样，解答了在我脑子里萦绕许久的，挺有意思的两个谜。

第一个是关于清末中日甲午海战的。有学者说，清廷战败的重要原因之一是把北洋水师后期的海军经费挪用去修了颐和园。我们知道，清漪园被英法联军烧毁之后还有很多遗存的基址，颐和园主要在此基础上复建了一部分。我的疑问是，这能花多少经费呢？后来我从史料中获知，甲午海战中，北洋水师的军舰配置颇有问题，军舰的吨位高但是没有快舰。而日本有两艘快舰，其中一艘即为著名的"吉野号"，这两艘快舰在海战中起着极其重要的作用。而吉野号和另外那艘快

英制快速战舰吉野号

舰其实是清政府先订购的，都快做完了却没钱买回来，原因是慈禧太后把这钱修了颐和园。而当时的日本为了买这两艘先进的快舰，社会各个阶层合力集资，全力支持海军军费。结果日本海军买回了这两艘速度快、武器先进，有重要战略作用的军舰。试想如果吉野号按照原来的计划编入北洋水师，舰队配置完善，大吨位的军舰与先进的快速游击舰互补，那么，日本未必敢于挑战，中日双方能不能开战都很难说。

这使我更加好奇——买这两艘军舰的钱都花在了哪里？直到看到木兰艧，我觉得我有答案了。一个船的小烫样都精细到了无以复加的程度，而当年类似的画舫还有好几条，且有的比木兰艧还要大、还要华丽，并且这些游船前面还都要有一艘小火轮拖带，由此可窥当年修园之奢。制器者都知道，制作一件器物，想好一步就要花十步的代价，就这样，两艘军舰生生地被换成几艘游船了。

建筑之外的样式雷设计和烫样

第二个谜是关于样式雷的器物烫样。研究清代宫廷家具，我的最大感触是其创新设计能力，清代宫廷家具，同时又有西方艺术家郎世宁、王致诚等人的参与由军机处总理大臣总理造办处事召集全国的能工巧匠共同完成，其工艺上的最大成就是能将繁复的形式做到极致，使每一件家具都是创新，没有重复。我在设计清代风格家具的过程中逐渐体会到，从画一张图纸到真的做出一件家具还有很远的距离，中间一定需要制作很多模型用于推敲。清宫档案也提到过，有合牌纸样、蜡样、小木样。而找到当年这些家具设计和制作过程中的各种模型，对清代家具的学术研究来说非常重要。大约从三十年前，我就把寻找这些家具样子当作一个很重要的事情，王世襄先生对此也很感兴趣。虽然有样式雷建筑烫样传世，但是一直没有找到样式雷制作的建筑之外的烫样，让我特别好奇器物烫样是什么样的。从档案上了解，样式雷不仅负责建筑，还负责家具、舟舆和牌楼的设计建造，样式雷图档中肯定有这些作品的烫样。因此我们就把这类烫样作为寻找的重点。

我去过的所有艺术馆、收藏机构，以及世界重要的收藏家手中都没有这个东西。后来知道所有样式雷较早期的烫样都存放在圆明园的样式房，而英法联军入侵的时候将样式房烧了，把纸样、烫样都烧毁了，所以乾隆时期的烫样就都看不到了。后来我到各个国家的艺术馆去参观时也不忘寻找，极其渴望哪怕能看到一个小的器物也好。但一直没有见到过官造的烫样，只在美国曾见到过民间家具的小模型。

通过对清代宫廷家具的研究，我相信样式雷的器物烫样一定会非常细腻，所有的部分都会表现得非常好，否则真制作的时候会出现一系列问题，但这只是我脑子里的一个猜想。直到2010年见到木兰艒，它解开了第二个谜。我看到的器物烫样不仅精美，同时考虑到很多细节，例如船的烫样就考虑到了水中平衡的问题。开始我没有理解，为什么船身外面要髹漆，后来我从破损的地方看出，漆下还有鹿角霜，这是最好的披灰，使烫样可以防水，这说明它可能还曾在水里试航过。

令我非常惊讶的是，样式雷船只烫样不仅制作水准极高、分工专业，而且可以在比较短的时间内完成。由此，我推测当时一定有一套标准化、程式化的做法，以及平时培养出来的专业队伍。从沥粉、建筑、彩绘、木器结构，到髹漆、金属部件，还有书写说帖——说帖上的正楷小字让人称绝，且所使用的专业术语非常准确——各个工种相互协调配合。样式房协作体系的完善和高效超乎我的想象。

虽然木兰艒的烫样已经是清晚期的作品了，但它仍然能够反映出辉煌时期皇家造办处制作家具以及各种器物的整个过程，其携带的信息量足够做非常细致的研究。

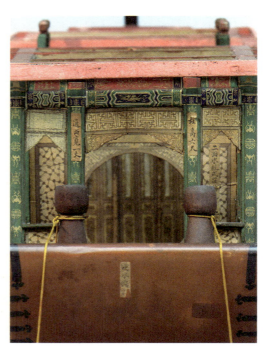

木兰艧前殿空间——花罩和门　　　　　木兰艧船头透视效果

木兰艧船尾后殿、净房及歇山顶二层敞厅

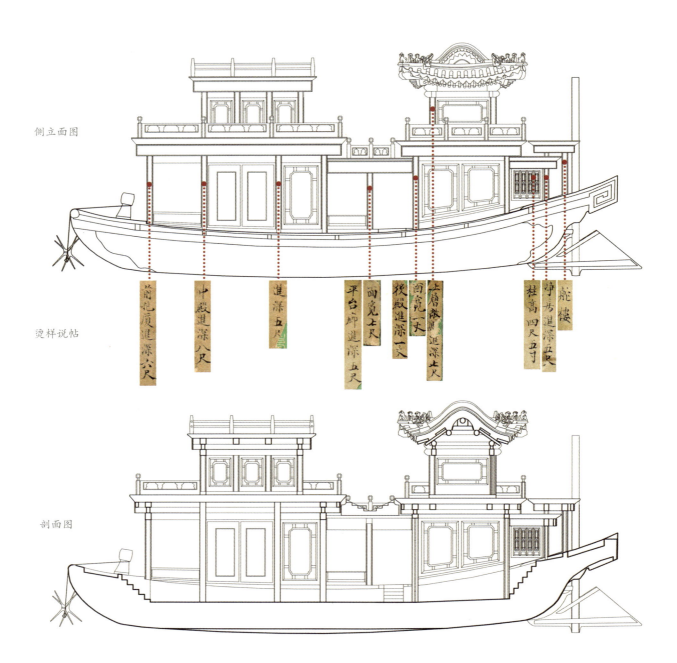

木兰艧　样式雷御船烫样

侧立面图

烫样说帖

前花厦进深六尺　中殿进深八尺　进深五尺　平台廊进深五尺　面宽上尺　后殿进深一丈　间宽一丈　上層樓頂進深上尺　柱高四尺五寸　净房进深五尺　舵楼

剖面图

船身通长五丈七尺 加长三尺 改准通长六丈

平面图

木兰艧烫样线图

二面水纹式嵌　　　　锦元光罩　　　　　雕作二面　　　　雕作二面蝠　　　　二面灯笼框纱橱
梅花落地罩　　　　　　　　　　　　　　　　　　　　　流云八方罩

木兰艘烫样花罩及门样式

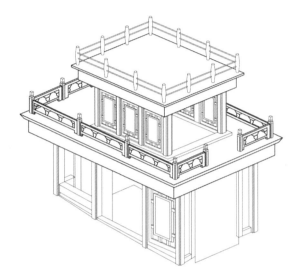

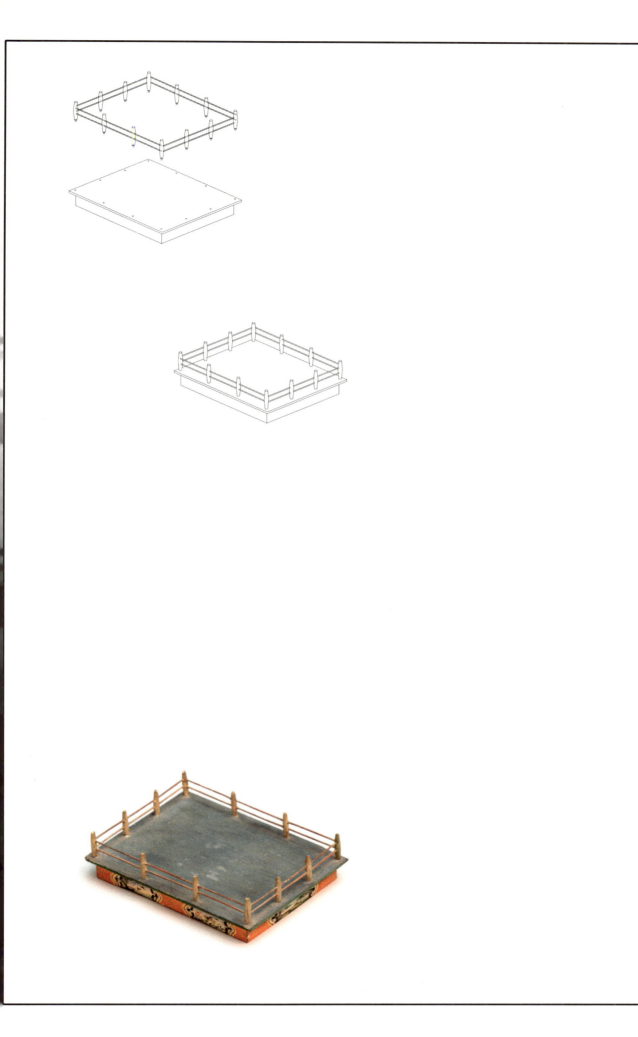

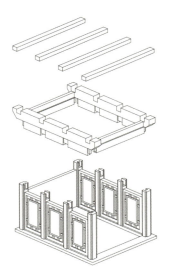

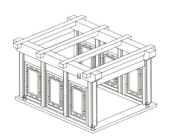

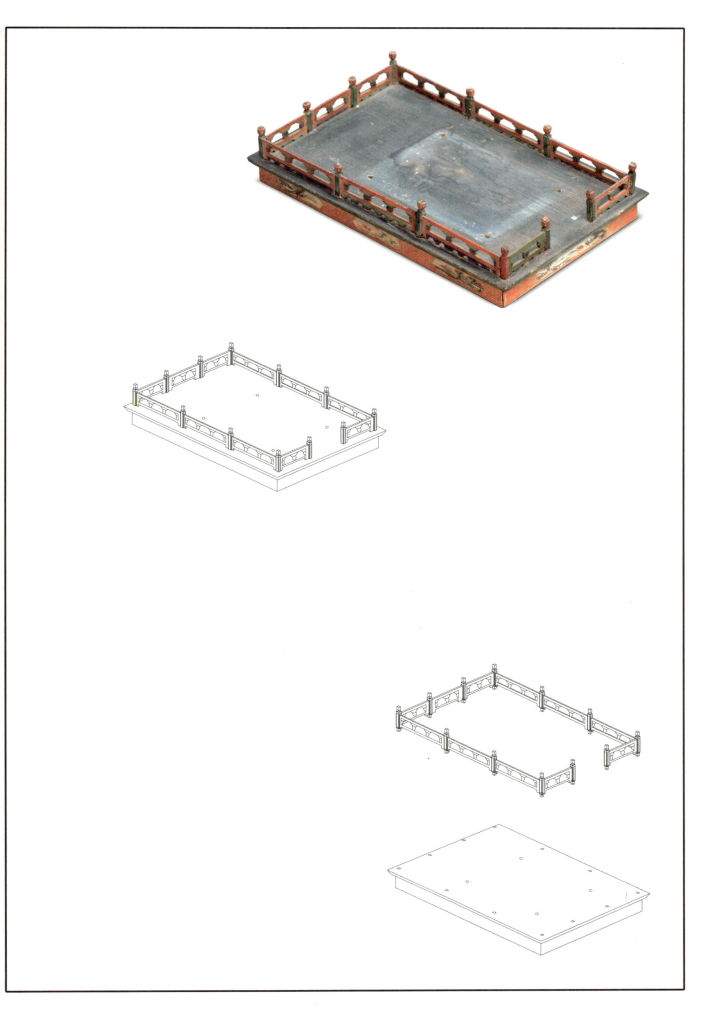

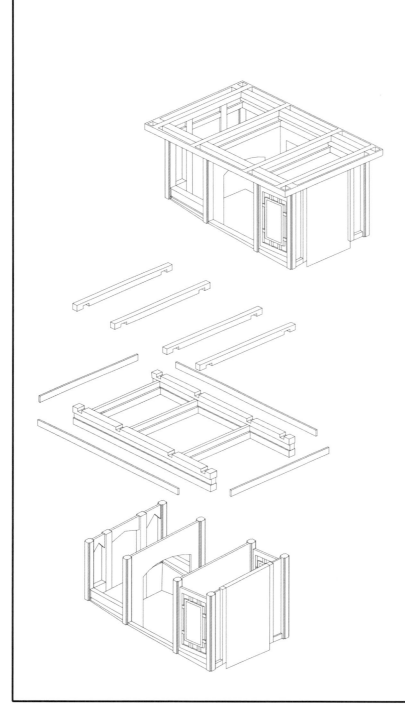

结构分析

一、材料及工艺分析

　　木兰艭烫样的主要制作材料包括纸、木、金属、棉、漆、胶等，且制作工序十分复杂。在结构最为复杂的屋顶部分，可以看到其工艺和材料的完美配合。内部由木结构支撑，榫卯咬合，再用纸覆盖表面，做成瓦当滴水，之后髹漆数道，局部雕刻成脊兽。

木兰艭烫样

二、屋顶结构分析

　　木兰艘二层后敞厅仅有一间一进，是简单的五檩小式歇山顶结构。除了五檩、四梁之外，作为小尺度的烫样，其屋顶结构颇为特殊，是由整块木刳成的拱顶，使得结构整体性极佳。此外，木构件之间髹饰了大量的红漆，既防腐，又起了很好的黏合作用，便于屋顶的拆装。

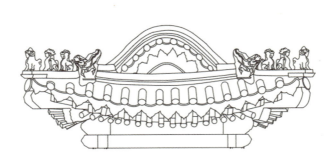

泥胎纸塑角兽

木胎纸塑筒瓦

木胎髹漆搏风板

木兰艘烫样材料示例

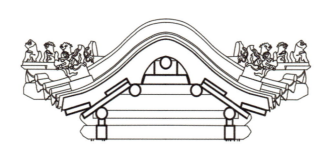

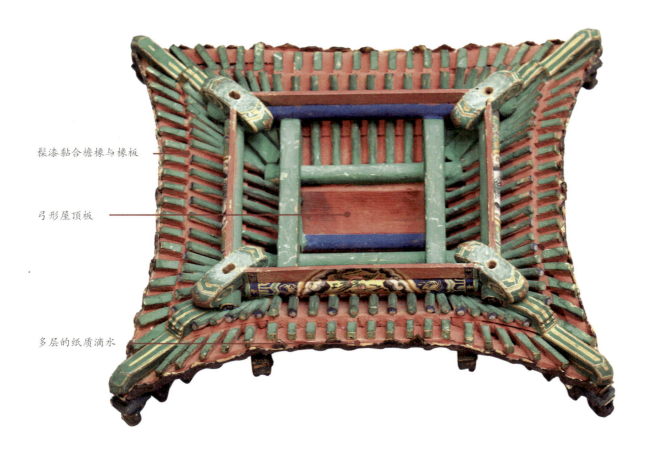

髹漆黏合檐椽与椽板

弓形屋顶板

多层的纸质滴水

木兰艕烫样屋顶结构

附 录

清代皇家建筑师样式雷[1]

何蓓洁

　　自康熙中叶到清末，曾有雷姓家族八代传人作为"样子匠"，供职于皇家建筑设计机构"样式房"，长期担当"掌案"，统领设计事务，贡献卓越，被世人誉为样式雷。现存清代皇家建筑凡都城、宫苑、坛庙、陵寝、府邸、衙署等，大多留下了样式雷的印记。而同这些建筑遗产及与其相关旨谕、奏折、工程备要、销算黄册等宫廷档案相对应的，还有约 20000 件图样、模型及《旨意档》《堂司谕档》等文档传世，这些文档作为样式雷世家赓续二百多年的职业活动的忠实记录，被统称为"样式雷图档"，其中包括众多完整的工程个案，翔实载述了有关机构设置运作、选址勘测、规划设计、施工以及传统工艺等方面的细节。

一、样式雷图档

　　1930 年 6 月的一天，从北京西直门内东观音寺胡同的一处宅院浩浩荡荡驶出了一个车队，车上满载 37 口箱子，径直从西直门内大街驶向了位于北海的北平图书馆。这所宅院的主人正是名噪京城的样式雷后裔，而箱子里满载的是雷家世代主持的清代皇家建筑设计，在家中集中收藏的历朝建筑工程图纸和模型。在中国营造学社社长朱启钤的奔走呼吁下，这批珍贵的图档终于由北平图书馆全数购藏，避免了图档被当时入侵中国的列强劫掠一空的

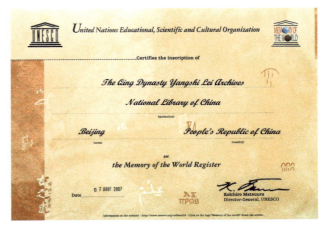

清代样式雷建筑图档入选《世界记忆名录》证书

悲剧。今天，清代样式雷建筑图档已被世界公认为全人类的智慧资源，列入联合国教科文组织颁布的《世界记忆名录》，成为其中规模最大、内容最丰富的古代建筑设计图像资源。

1　本文原发表于《紫禁城》2019 年第 2 期，略有修改。

经过三十余年的不懈研究，笔者现已基本厘清传世样式雷图档的收藏概况。国内外各相关机构藏图总计近 20000 件，分布状况如下表所示：

传世样式雷图档分布现状简表

	收藏机构	图档数量	来源
国内	中国国家图书馆	12000 余件	北平图书馆 1930 年购自观音寺胡同雷宅的家藏图档及稍后零星购自书商。
	故宫博物院	近 4000 件	1）中法大学 1931 年购自水车胡同雷宅的家藏图档千余幅，此后又陆续购藏总计 3786 件，包括烫样 153 件（1951 年文化部文物局罗福颐接收，拨交故宫博物院文献馆）； 2）原故宫博物院文献馆藏及北平图书馆 1930 年购自观音寺的雷氏家藏烫样 80 余件（后者系 1950 年转自北京图书馆）。
	中国第一历史档案馆	1000 件左右	清宫留档（相关文档不计）。
	中国文化遗产研究院	35 册	1930 年营造学社收藏的雷氏家谱 11 册、信函、笔记以及少量图档。
	清华大学	315 件	20 世纪 30 年代营造学社收藏，包括画样 102 份、定东陵地宫烫样 1 件、各类内檐装修板片 204 件、各类文稿 8 件；此外还藏有 1988 年样式雷姻亲 "算房高" 高芸后裔捐赠的相关文档 362 件。
	首都博物馆	少量	1966 年样式雷后裔捐赠北京市文物工作站的 8 幅雷氏先祖像和少量建筑画样。
	中国科学院国家科学图书馆	少量	20 世纪 30 年代 "东方文化事业总委员会" 下辖北平人文科学研究所图书馆在京收购。
	中国国家博物馆	少量	1981 年金勋后人捐赠。
	北京大学图书馆	30 余幅	20 世纪 30 年代日本学者购藏。
	首都图书馆	少量	
	中国社会科学院图书馆	少量	
	北京市档案馆	少量	
	中国人民大学档案系资料室	64 件	20 世纪 50 年代购自中国书店。
	台北故宫博物院	不详	出自军机处录副奏折，清宫留档。
	台湾大学图书馆	53 张	来源不详。
国外	日本东京大学东洋文化研究所	277 件（现存 53 件）	1931 年荒木清三购于北平书市，另有相关文档 1656 件。
	美国康奈尔大学东方图书馆	2 件	《天津行宫地盘样》《天津行宫立样》，来源不详。
	法国巴黎吉美东方艺术博物馆	1 件	《圆明园地盘全图》，来源不详。
	德国柏林民族学博物馆	4 件	惠陵妃园寝全分烫样及地宫烫样、前门箭楼烫样、崇陵全分烫样，来源不详。

样式雷世家的职业活动及传世图档原是清代建筑工官制度的产物。在相关工程中，凡勘测风水地势、调查既有建筑规制、拟定规划设计和施工方案，乃至用图像记录工程进展等，均要由以样式雷为首的样式房匠人绘制大量的相关草图（即糙底）、正式图样的底本（即细底、准底），精工制作进呈御览的烫样（即模型）或画样（即图纸和副本），还要有对应的各类《清单》《略节》等文书。这些画样、烫样、文稿等，主要有三个去处：进呈御览、存档宫禁或各该管衙门，提交各级董工官员、算房、木厂等，以及雷氏家藏。

其中，雷家庋藏皇家建筑工程图档是皇室和官方许可的行为。事实上，各项皇家建筑工程选址、设计和施工等环节所需的相关糙底、细底、准底等过程性图样或文书，包括大量复制件，以及样式房在各项工程中实时记录的《旨意档》《堂司谕档》《随工日记》等，既无必要也不可能悉数上缴相关管理机构收存，向例由样式房掌案即雷氏自行保管，实际占据了传世样式雷图档的绝大部分。非但如此，雷氏家藏图档中，还有相当部分源自各工程竣工后，钦派工程处档房及各该管衙门将其保管的各式画样、烫样等交还样式房掌案收存，并造具清册呈堂存案。就各项皇家建筑工程的设计始末以及对应的详情细节而言，家藏图档的完整性远远优于宫廷档案；而就历朝皇家建筑设计更迭而言，其延续性也是对应的宫廷档案无法相比的。正因此，样式雷家藏图档不仅得到皇室和官方的许可，而且在相当程度上，雷家被视为皇家建筑工程设计资料的备用收藏之所，以至在皇家档案因疏于管理而无案可查的时候，或在调用宫廷档案不便的时候，承修后续相关工程的官员往往会在兴工前向样式雷索要其所藏往届图档，作为工程建设的重要参考依据。

1925 年 10 月 10 日，故宫博物院成立。清代奉旨留中的进呈样以及由内务府等机构保存的画样和烫样，与其他故清档案一并由博物院新设图书馆文献部集中保管。这些图档流传至今，收藏于中国第一历史档案馆、故宫博物院、台北故宫博物院等机构，总计约 1000 余件。样式雷家藏图档则由雷氏后裔继承，民国年间抛售于世，大宗者被北平图书馆和中法大学分别购存，前者一直保存在中国国家图书馆中，后者则在 1950 年全数移交故宫博物院收藏，两项总计近17000 件，占现知样式雷图档总数的 85% 以上，构成了样式雷传世图档的主体。此外，各级管理官员及木厂、算房等处留存的零星图档亦在民国初年售卖，被各书局、个人、研究机构等购得，至今仍时有见诸报端或显身于各拍卖市场。

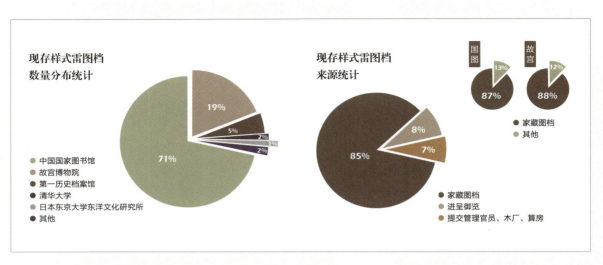

现存样式雷图档
数量分布统计

19%
5%
2%
1%
2%
71%

● 中国国家图书馆
● 故宫博物院
● 第一历史档案馆
● 清华大学
● 日本东京大学东洋文化研究所
● 其他

现存样式雷图档
来源统计

8%
7%
85%

● 家藏图档
● 进呈御览
● 提交管理官员、木厂、算房

国图 13% 87%

故宫 12% 88%

● 家藏图档
● 其他

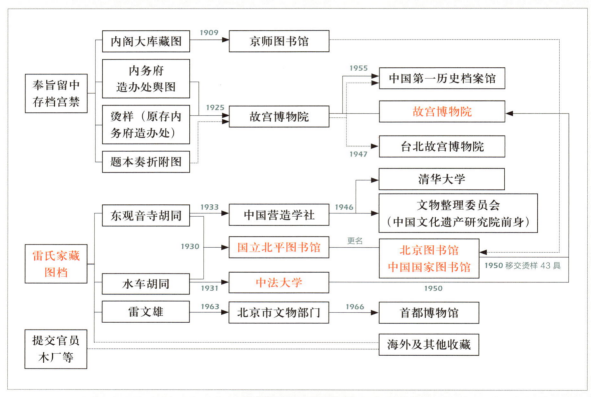

样式雷图档流传示意图

二、样式雷世家

康熙二十五年（1686 年），清代第一座皇家园林畅春园的建设工程接近尾声，康熙亲临正殿"九经三事"殿的上梁典礼。一位楠木作的年轻匠人在上梁仪式中立下大功，得到康熙召见，在奏对间，这位从国子监毕业又有好手艺的青年赢得了康熙的青睐，遂钦赐内务府钦工处掌案，此举开创了日后样式雷世家二百余年的辉煌历史。这位青年正是雷氏第二代传人雷金玉。

第一代		雷发达 （1619~1693 年）	
第二代		雷金玉 （1659~1729 年）	
第三代		雷声澂 （1729~1792 年）	
第四代	雷家玮 （1758~1845 年）	雷家玺 （1764~1825 年）	雷家瑞 （1770~1830 年）
第五代			雷景修 （1803~1866 年）
第六代			雷思起 （1826~1876 年）
第七代			雷廷昌 （1845~1907 年）
第八代		雷献彩 （1877 年~？）	

样式雷世家

1. 迁徙：建昌—南京—北京

雷氏祖籍江西南康府建昌县（今江西省永修县），北宋初年雷氏先祖便徙居于此，世代耕读传家。明末时，连年的灾荒和动乱使土地收成锐减，沉重的赋役更使家中不堪重负。雷金玉的祖父雷振声身为长子，见其父独力难支，便承父命，弃儒从商，沿水路北上南京，从事贸易。

康熙元年（1662年），为躲避战火和差徭，雷氏举家迁徙，虚龄四岁的雷金玉跟随父亲雷发达来到南京。其时，计成《园冶》、文震亨《长物志》及李渔《一家言》等造园理论杰作相继问世，翕然推崇细木家具装修设计制作，"周制"等也应运而生。而雷氏日后赓续不辍的世传差务之一，便是承办楠木作装修陈设的设计与制作。可以合理推测，雷发达、雷金玉父子受江南文人时尚浸润，践履孔圣人"游于艺"的理念，研习并精谙这门介乎儒、匠之间的楠木作技艺，发挥绘事功底和审美素养，为谋生计却也无违"世代业儒"家风。康熙二十二年（1683年），雷发达以楠木作技艺应募赴北京。雷金玉随父进京，凭借居住南京期间苦攻儒学的根底，不久便在国子监完成学业，并顺利通过国家考试，取得候补州同衔。

2. 创业：雷金玉上梁立功

雷金玉虽考取官衔，但尚未被授予实职；当时官场缺额有限，实授职务竟成难事，故而其生计尚需自谋。此时恰逢畅春园兴工，雷金玉凭借其家传楠木作技艺参役，很快脱颖而出。如前文所述，因正殿上梁立功，雷金玉得蒙钦赐内务府钦工处掌案，即内务府七品官，并食七品俸。雍正践祚后，将圆明园设为御苑，年近古稀的雷金玉蒙皇帝器重，被赐命在内务府钦工处职守样式房掌班，以建筑设计统筹各作营造，并专办装修的楠木作事务。钦工处又名工程处，是由皇帝钦派大臣组建的董理工程的特设机构，竣工后撤销。工程处下设样式房，专司规划设计，其头目称为掌案。而楠木作则属匠作，与样式房没有并列或辖属关系。雷金玉开创的正是雷氏后代传承未缀的两大世传差务，其一是执掌工程处样式房，负责皇家建筑设计；其二便是承办皇家楠木作装修陈设的设计与制作。

雍正六年（1728年）雷金玉七十寿辰，雍正帝不仅令七年后克绍大宝的皇四子弘历为雷金玉题"古稀"匾庆寿，还恩赐蟒袍一件。第二年，雷金玉去世，因生前对皇家建筑工程的卓绝建树，得到雍正皇帝的特殊礼遇：恩赏一百余两黄金，并命朝廷驿站提供食宿、夫役、车马船只等，供雷金玉灵柩归葬南京。

雷金玉墓碑拓片
（中国国家图书馆藏）

3.继业：掌案的得而复失与失而复得

雷金玉身后，五子中仅有当时刚三个月大的幼子雷声澂（1729~1792年）在二十余年后继承样式房事业。雷声澂幼年时在寡母张氏的谆谆教诲下成长，成人后依附祖业，以极强的敬业精神投身到乾隆时期空前繁荣的皇家建筑工程中，承当掌班楠木作事务。64岁外出办差时卒于承德，葬京西聚善村雷氏祖茔。他去世后，三个儿子在乾隆后期及嘉庆时期的工程中通力合作。

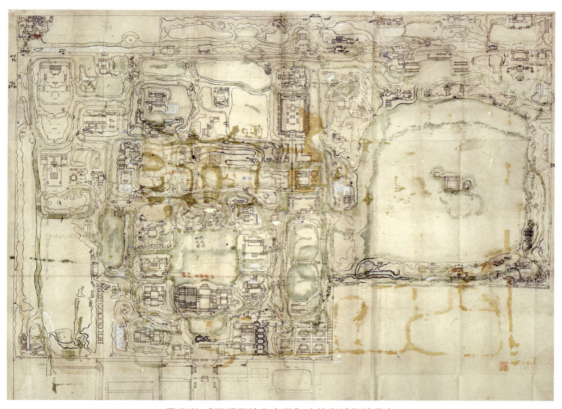

雷声澂《圆明园地盘全图》（故宫博物院藏）

长子雷家玮（1758~1845年）频频奉派查办外省各路行宫及堤工，对各地为数众多的皇家行宫建设付出了大量心血，也使包括园林在内的皇家建筑设计和营造技艺传播开来。次子雷家玺（1764~1825年）接任圆明园样式房掌案，相继承办万寿山、玉泉山、香山、避暑山庄等皇家园林的岁修及改扩建工程。乾隆退位为太上皇以后，又特意委任雷家玺担纲嘉庆皇帝昌陵的设计并指导施工，完工后，雷家玺返回圆明园样式房，接办嘉庆添修圆明园等工程的设计。此外，从乾隆晚期到道光初年，京城和御苑中每年灯节张挂各式彩灯、燃放焰火、演戏布景以及万寿盛典等，也由雷家玺承办。三子雷家瑞（1770~1830年）为业务繁忙的兄长解决后顾之忧，在家辛勤料理家务。嘉庆初年，雷家玺常年劳碌在昌陵工地，雷家瑞代为照料圆明园样式房事务，不久被添派为掌案。嗣后，嘉庆帝大修绮春园，雷家瑞受命承办楠木作内檐硬木装修，赴南京采办紫檀、红木、檀香等木料，并于南京开雕。迄雕工藏事，返京安设完竣，胸襟磊落而淡泊的雷家瑞"退差归家"，继续为兄长操办家务。三兄弟勤力同心，使雷家摆脱了在乾隆朝前期的颓势，在皇家建筑工程中重振家声。

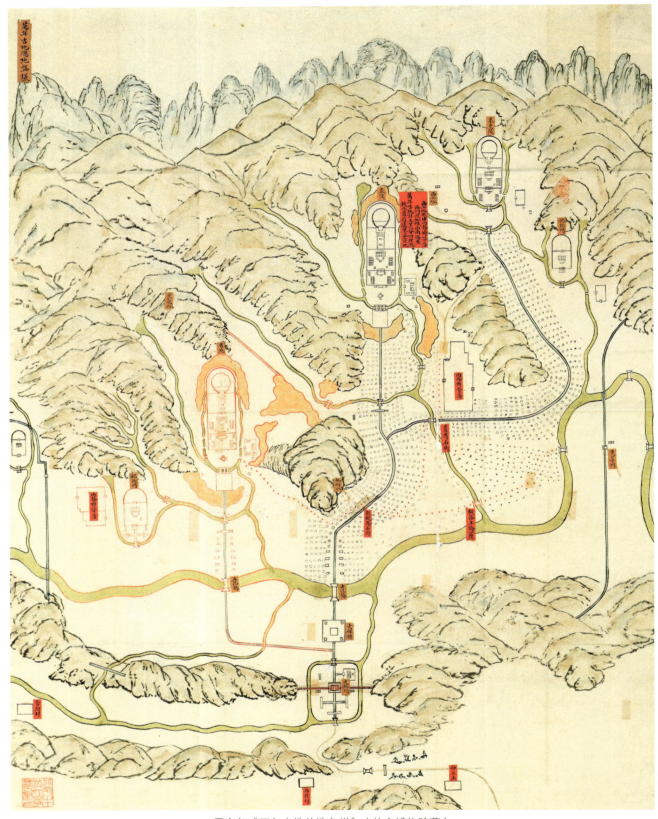

雷家玺《万年吉地总地盘样》（故宫博物院藏）

道光五年（1825 年），雷家玺病逝，尽管其次子雷景修（1803~1866 年）自 16 岁起便在样式房学习，当时已历七年，但因皇家建筑设计"差务慎重，唯恐办理失当"，雷家玺留下遗言，将样式房掌案一职让与郭九承当。雷景修甘居人下，不分朝夕，兢兢业业，经过二十余年的奋斗，终在道光二十九年（1849 年）继任样式房掌案。雷景修一生工作勤勉，曾参与或主持慕陵、昌西陵、慕东陵等工程以及诸多宫苑的改建、装修或修缮设计。可惜，1860 年英法联军焚掠圆明园，雷氏海淀改宅也被侵劫，样式房差务奉旨停止，雷景修被迫歇业。经此逆境后，雷景修苦心经营家业，置办新宅、续修谱录、规划祖茔，还悉心哀集众多画样、烫样，专门修建三间房屋珍藏，并精心调教儿孙学习掌握建筑设计业务，为弘扬雷家祖艺做出了突出贡献。

雷景修画像（首都博物馆藏）

4 光大：样式房掌案的不二人选

雷景修长子雷思起（1826~1876 年）从小受到父亲的严格训练，既精于建筑设计，还在承包皇家建筑施工的天合局、三义局等私营厂商"坐柜"多年，谙熟施工技术、组织管理及相关会计业务，又通晓涉及工程地质、生态和景观学的常用于选堪建筑基址的传统风水。正因为这些训练和经历，雷思起一生建树非凡，曾经随父亲参与昌西陵、慕东陵等工程，后又主持定陵、定东陵、惠陵和西苑（即北海）、中南海等工程，以及辽宁永陵等的修缮和许多王公、贵胄、勋臣的府邸、园林、墓葬等的建筑设计。雷思起长子雷廷昌（1845~1907 年）未满 13 岁就开始跟从父亲学习样式房事务，并在众多皇家建筑工程实践中经受历练。成年以后，他曾协助父亲承担定陵、定东陵、惠陵和北海、中南海三海等大型建设项目的设计。同治十二年（1873 年）决定重修圆明园，雷思起父子奉命担纲设计，夜以继日地制作了数千件画样和烫样，被皇帝、皇太后频频召见，还曾在养心殿陈设烫样为同治解说。因为功绩卓著，慈禧、同治亲赏雷思起二品顶戴、雷廷昌三品顶戴，光绪元年（1875 年）再蒙覃恩貤封雷思起及其父母、祖父母为二品通奉大夫等。因劳累过度，光绪二年（1876 年）末，雷思起从定东陵、惠陵工地扶病返京后不久辞世，工程处特赏银二百两以示敬重。雷廷昌堂弟雷廷芳（1854 年~？）也师从大伯雷思起，与廷昌一同参与了同治大婚点景、定东陵、圆明园、惠陵等工程以及天津海光寺行宫的建设，因技艺高超，在样式房中承担了大量画样工作。光绪三年（1877 年）还因惠陵金券合龙、隆恩殿上梁赏加六品顶戴。

雷思起圆明园"廓然大公"烫样（故宫博物院藏）

　　父亲去世后，雷廷昌担当样式房掌案，主持相关工程，曾为重建天坛祈年殿及紫禁城太和门、办理慈禧太后万寿庆典的点景楼台等设计呕心沥血。光绪二十六年（1900年）八国联军入侵，北京城和城内外各类皇家建筑再度罹劫，后来北京正阳门及箭楼等城楼、大高玄殿、中南海等修复，颐和园也进行重建，在这些大规模的修复和重建工程中，雷廷昌和他的长子雷献彩（1877年~？）不辞劳苦，为重整国都风貌做出了巨大贡献。此后朝廷推行新政，仿西式建筑以议事堂、海军部以及中海的海晏堂、乐善园的畅观楼等为典型代表的大量新式洋楼拔地而起，雷廷昌和雷献彩父子也在相关设计中展现出非凡的创作才能。不满20岁就当上掌案的雷献彩在雷廷昌去世后，又主持完成了清末的崇陵、摄政王府等重大工程。同在崇陵效力的还有雷献彩的堂兄雷献祥，他曾奉派赴同治的惠陵"勘丈绘图"以用于崇陵设计。

雷廷昌《正阳门箭楼后雨搭立样》（故宫博物院藏）

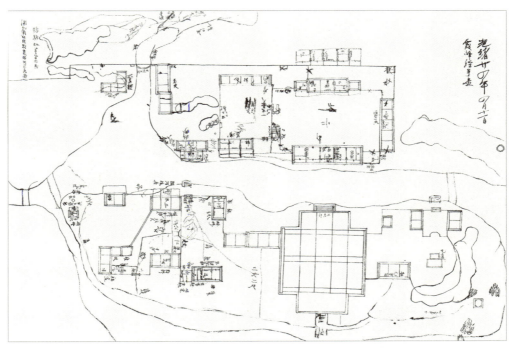

雷献彩《圆明园课农轩地盘画样》（中国国家图书馆藏）

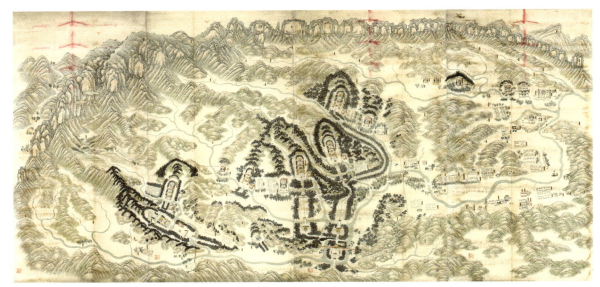

雷献祥《清西陵全图》（故宫博物院藏）

雷思起画像

雷廷昌画像

辛亥革命后，清王朝退出历史舞台，皇家建筑设计和样式房差务也成为明日黄花，据雷氏族谱记载及雷家后裔口述，雷献彩先后曾两娶，却皆无出，失业后的忧愁，加上没有子嗣的悲哀，最终竟使雷献彩无声无息地诀别了人世。

尽管结局如此，雷献彩和他的七代先祖，毕竟以他们赓续二百余年、无与伦比的艺术创作实践，在规模惊人而又多姿多彩的清代皇家建筑上留下了深深的"样式雷"的印记。这些建筑成为中国乃至全人类的优秀文化遗产，也成为受人景仰的样式雷世家光辉业绩的不朽丰碑。

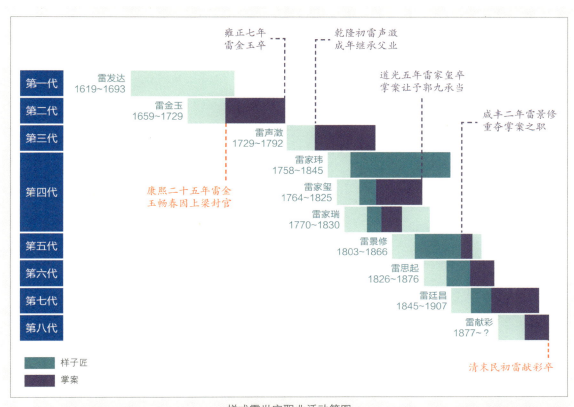

样式雷世家职业活动简图

样式雷生平简表

世系	姓名	字	号	出生日期	逝世日期	享年	娶妻	从业时间	参与的工程
第四十六世	雷发达	明所		万历四十七年（1619年）二月二十一日	康熙三十二年（1693年）八月十一日	75岁	江氏、陈氏（1631~1712年）	不详	不详
第四十七世	雷金玉	良生		顺治十六年八月十六日（1659年）	雍正七年十一月十日（1729年）	71岁	刘氏、柏氏、潘氏、钮氏、吴氏、张氏（1692~1761年）	康熙二十三年至雍正七年	畅春园、圆明园
第四十八世	雷声澂	藻亭		雍正七年七月三十日（1729年）	乾隆五十七年八月二十一日（1792年）	64岁	初氏（1730~1800年）	乾隆十三年至乾隆五十七年	乾隆年间的皇家工程
第四十九世	雷家玮	席珍		乾隆二十三年十月五日（1758年）	道光二十五年一月四日（1845年）	88岁	李氏、杨氏、王氏	乾隆五十七年至嘉庆朝	外省各路行宫及堤工等处、海滩内盐务、及私开官地等事
第四十九世	雷家玺	国宝		乾隆二十九年四月二日（1764年）	道光五年一月十五日（1825年）	62岁	张氏（1767~1835年）	乾隆五十七年至道光年	圆明园、畅春园、清漪园、静明园、静宜园、承德避暑山庄、昌陵、宫中年例彩灯、西厂焰火、嘉庆六旬万寿盛典的点景楼合工程、道光至华峪万年吉地
第四十九世	雷家瑞	徽祥		乾隆三十五年六月二十日（1770年）	道光十年十月二十六日（1830年）	61岁	娄氏、王氏	乾隆五十七年至嘉庆朝	圆明园、南园

世系	姓名	字	号	出生日期	逝世日期	享年	娶妻	从业时间	参与的工程
第五十世	雷景修	先文	白璧鸣远	嘉庆八年十月二十九日（1803年）	同治五年十月二日（1866年）	64岁	尹氏（1804年~？）	道光五年至咸丰十年	昌西陵、慕东陵、圆明园
第五十一世	雷思起	永荣	禹门	道光六年六月十二日（1826年）	光绪二年十一月四日（1876年）	51岁	杨氏（1826~1852年）、刘氏、白氏、阎氏	咸丰二年至光绪二年	圆明园、昌西陵、定陵、定东陵、惠陵、盛京永陵、三海
第五十二世	雷廷昌		辅臣恩绶	道光二十五年十一月二十三日（1845年）	光绪三十三年（1907年）	63岁	吴氏（1843~1880年）、丁氏（1858年~？）	咸丰八年至光绪三十三年	定东陵、惠陵、普陀峪定东陵重建、颐和园、西苑、慈禧太后六旬万寿盛典
第五十三世	雷献彩	霞峰		光绪三年六月二十八日（1877年）			关氏（1875年~？）、徐氏（1872年~？）	光绪二十二年始	圆明园、普陀峪定东陵重建、颐和园、西苑、崇陵、摄政王府等

《 回忆与王世襄先生谈样式雷点滴 》
——田家青先生访谈整理

口述：田家青　　整理：朱琳

在和王世襄先生的多年交往中，经常会听他说起朱启钤先生和样式雷。王世襄先生在营造方面颇有建树，编纂了《清代匠作则例汇编》。他常说对古代建筑的工艺和技法还应该进行更进一步的研究和挖掘。他认为当今社会对样式雷的成就普遍认识不足，研究也相对薄弱。王先生很推崇朱启钤和样式雷，他认为对样式雷的成就给予多高的评价都不为过。相比之下，王先生对有些被过分宣扬的"历史名人"事迹并不苟同，这是他严谨的一面。

当年王先生和朱启钤先生的交情很深，他称朱启钤为朱桂老，每每说起，面带尊重。王世襄最重要的两本书都是请朱启钤题签。在他眼中，朱启钤称得上是一位有真才实学的收藏家，而且朱启钤作为一位重要学者的贡献还没有在当今社会得到应该有的认可。王先生说起朱启钤往往就会讲到样式雷，所以我很早就从王先生那里了解到样式雷，也非常感兴趣。我还记得王先生回忆朱启钤当年抢救烫样和图档的过程。朱启钤曾在样式雷后裔家中看过一些烫样，除较多的建筑烫样外还有两件特别精致的器物烫样，一不留神，外国人就先把这两个最复杂的器物的烫样给买走了，朱启钤得知消息后别提多搓火、多着急了，如果再不赶紧下手就都剩不下了。情况紧迫，在朱启钤的努力之下，最终由中央研究院收购了剩余的烫样和图档，使之得以留存在中国。王先生一生着力宣传研究样式雷、漆器和竹刻，这都是当年学术界不太重视的领域，了解得深了才知道它们的内涵和价值。

我对样式雷烫样的关注还要从研究清代宫廷家具说起。在查阅清宫档案的过程中，我发现当年家具制作中也有合牌纸样、蜡样、烫样、木样的记载，特别感兴趣。清宫家具的特点是结构复杂，互相咬合，我们行内的说法就是结构互相"管死"，做得很精密。我也一直在研究结构的各种做法，每想出一个就做一个模型，最后攒了几十个模型。所以我深知烫样这类模型对家具和建筑的制作至关重要。20世纪80年代，我就曾经试图找过各类烫样，在北京的琉璃厂，还有各种小市、鬼市里都找过，我跑得不少，但就是一直没见到过任何与烫样有关的东西，早期家具图纸也没有见过。1996年，我以专家身份应邀去美国诸多博物馆参观考察，看档案、看照片、看实物都随意，要看什么东西就开库直接拿出实物来，当时真是看了很多好东西，唯独没见家具烫样。这也成了我多年来的一个遗憾。

2010 年，我收到佳士得的拍卖图录《永乐——明清瓷器及古美术文献、明清玉器及工艺精品》，打开翻了翻，一下就看到了木兰艒。我当时两眼一亮，仔细再看，我惊呆了——找了这么多年竟在这里见到了！我去预展看了两次，看到烫样的实物，比想象中的要复杂完美得多。我了解到这是美国一位收藏家去世之后，将全部收藏交与佳士得拍卖，而木兰艒是其中之一。由于行业保密原则，拍卖公司没有透露原主人信息，但告知同时拍卖的是一批重要的瓷器。我那时也意识到这件木兰艒烫样很可能是存世的唯一一件样式雷器物烫样，有重要的历史文献价值，它真正的身价应在我的能力之外。可当年社会上对样式雷的认知不足，说起建筑，人们普遍知道梁思成，没有太多人了解样式雷对中国古代建筑的贡献。当时同场拍卖的有各类精美古玩，拍卖公司的重要买家认可和追捧的多是官窑瓷器和玉器，并不注意这类器物，而且拍卖只有三天的预展，也没有太多的宣传，所以木兰艒烫样的底价并不高，使我能将其成功拍下，真是喜出望外。只可惜那时王世襄先生已经去世一年了，没能见到这件烫样。

木兰艒烫样拿回来以后，我没有单纯地将其收藏，而是进行了系统认真的研究，并将其对国内样式雷研究单位和专家开放。他们花了大量时间和精力研究考证，通过梳理文献，把木兰艒最早的设计草图、改进设计过程中的彩绘图和后来民国时期日本人在昆玉河上拍摄的船体照片都找了出来，相互认证研究，最终形成了科学、系统的研究报告。这件事已经过去十二年了，若王世襄先生知道了这个过程和里面的故事，一定会特别欣慰。

2021 年 10 月 10 日

图　版

木兰艭烫样立面

木兰艭烫样船头立面

木兰艘烫样轴测

上：船头方向　　下：船尾方向

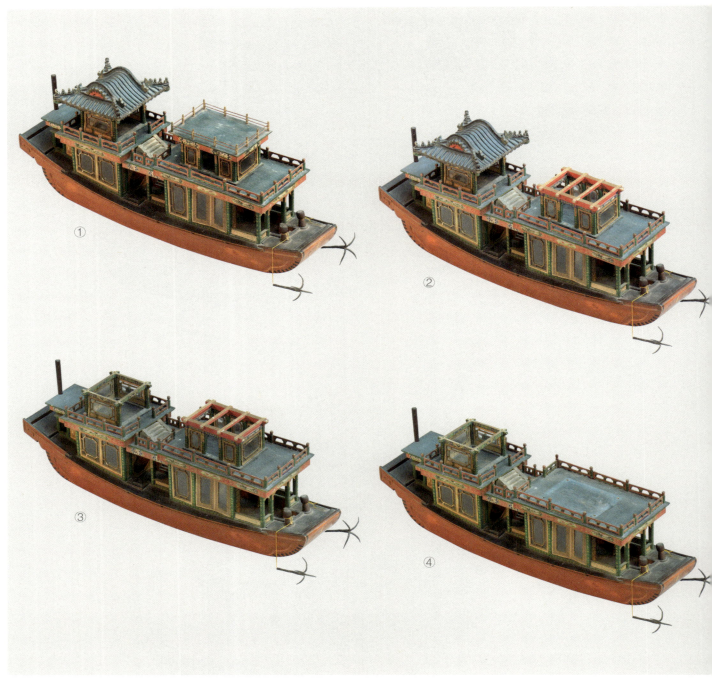

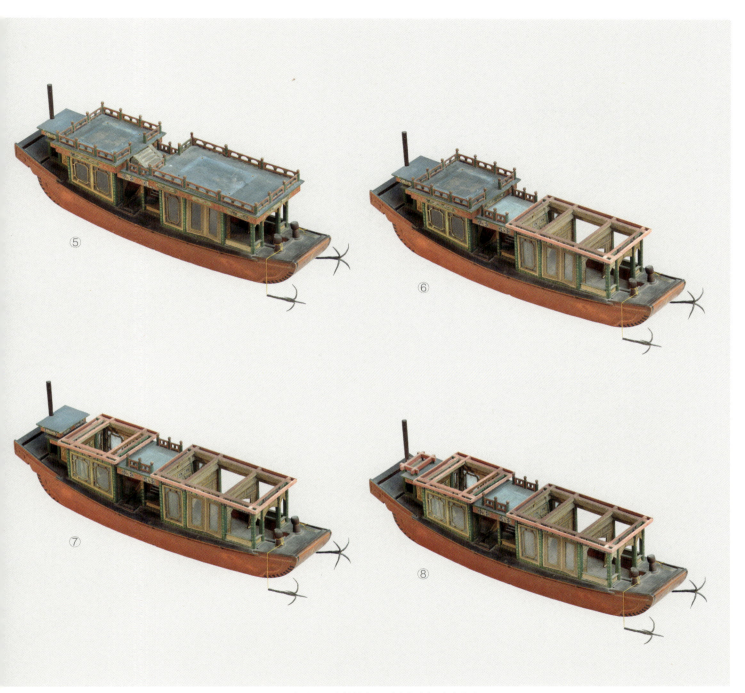

木兰艘烫样轴测逐层拆分（船头方向）

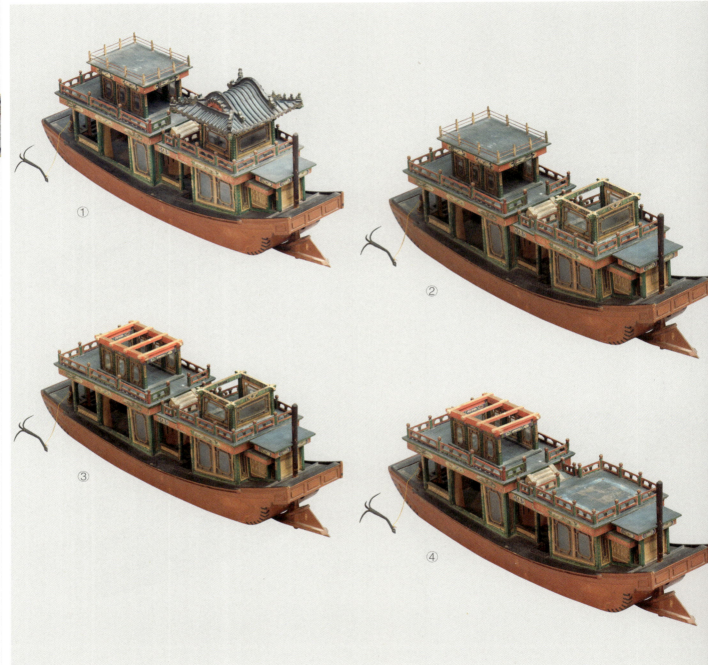

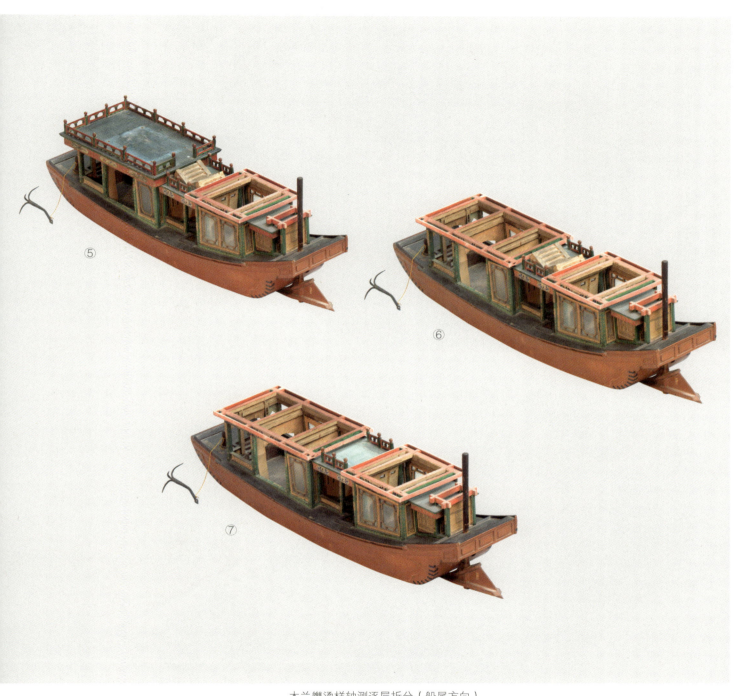

木兰艘烫样轴测逐层拆分（船尾方向）

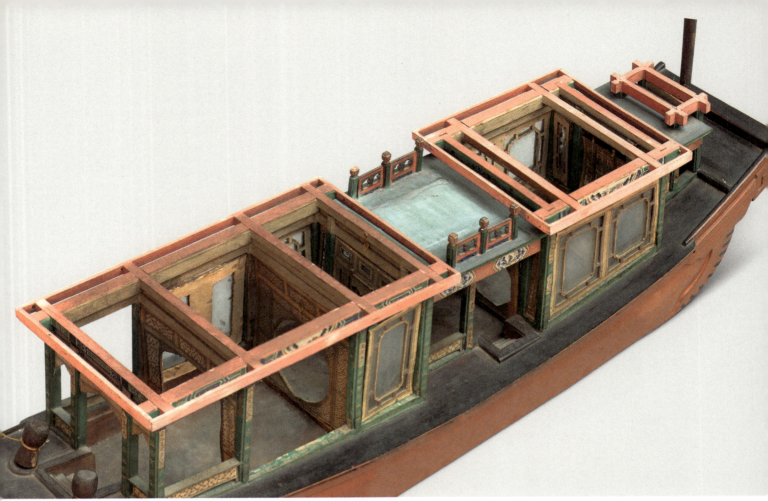

木兰艒烫样一层船室轴测

上：船头方向　　下：船尾方向

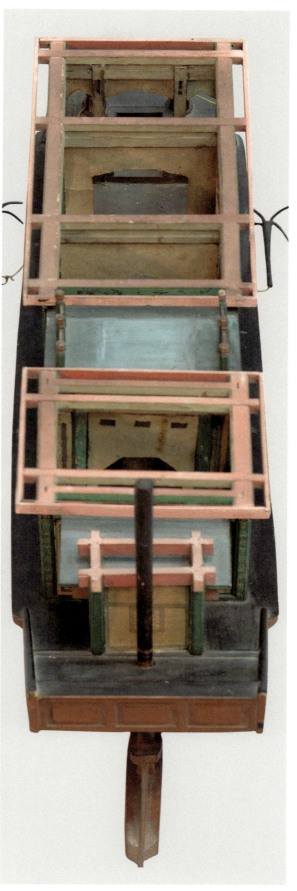

木兰艘烫样一层船室轴测
左：船头方向　　右：船尾方向

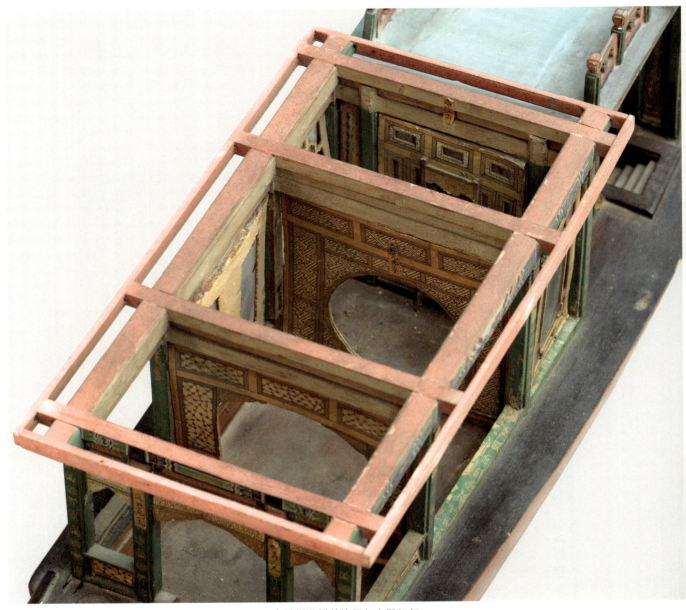

木兰艒烫样前抱厦与中殿细部

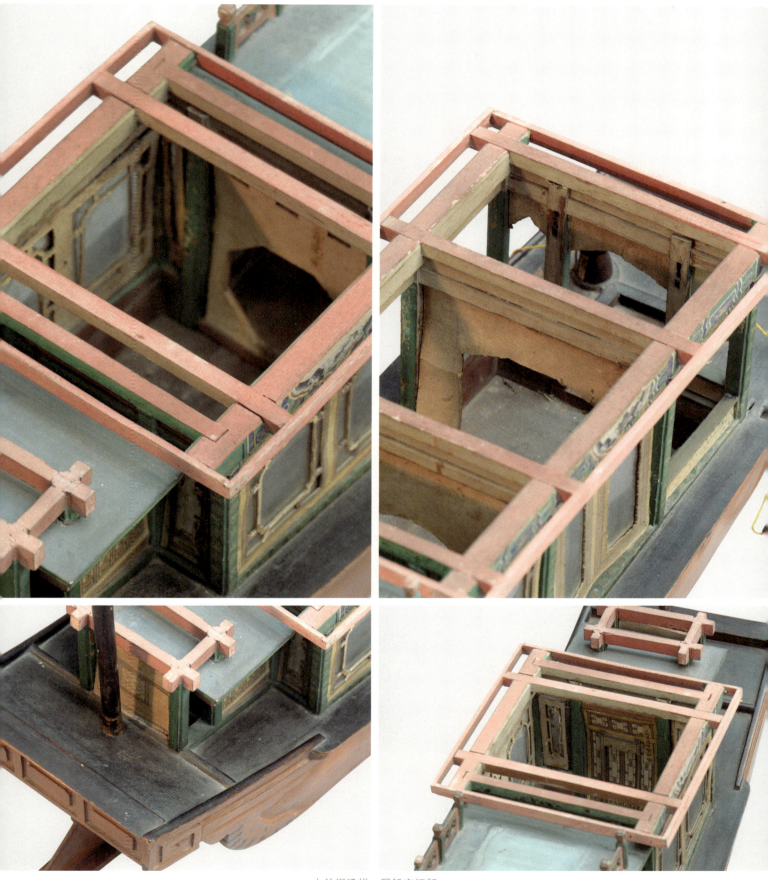

木兰艘烫样一层船室细部

左上：后室　　右上：前殿与抱厦　　左下：舵手与净房　　右下：后室

木兰艭烫样一层船室装修

上：船头至船尾轴测　　左下：抱厦与中殿　　右下：前抱厦

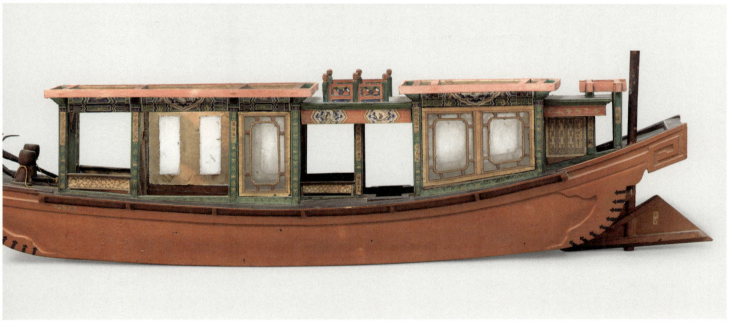

木兰艒烫样一层船室装修（平台廊）

木兰艕烫样一层船室细部（从中殿看前抱厦）

木兰艒烫样一层船室细部
上：从后室看净房　　下：从中殿看平台廊

木兰艭烫样平台、屋顶、窗、平台及栏杆大样立面

木兰艬烫样窗、平台、锚大样立面

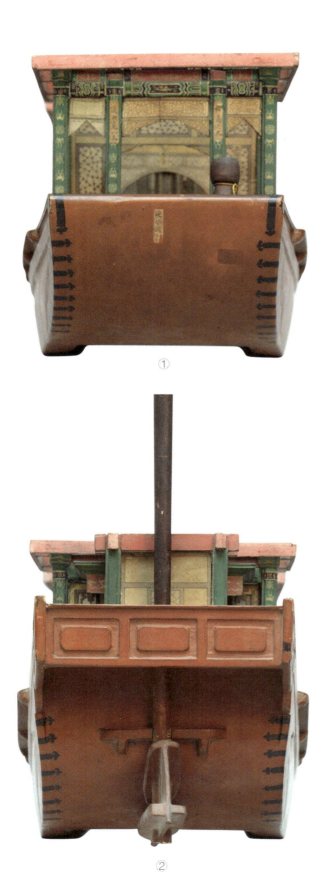

①

②

③

④

⑤

木兰艘烫样局部

① 船头　② 船尾　③ 舵杆　④ 船头细部　⑤ 船尾

后 记

　　我对木兰艭的研究起于博士学位论文，从 2006 年至今已有 15 年，期间因各种机缘不断深入拓展。2013 年，朱琳同学毕业设计以"清漪园时期石舫复原设计"为题，研究过程中就参考了木兰艭烫样的内部结构。毕业设计结束后，朱琳同学到田先生家中小住半月，日日与木兰艭烫样为伴，在田先生的指导下对其进行拆装，全面拍照、记录、建模，并记录整理田先生口述的木兰艭烫样的回购过程及其工艺材质特点。2016 年，谢竹悦同学从中南大学保研到天津大学，在王其亨先生的建议下，我为她确定了《清代样式雷游船图档研究》的论文选题，将对木兰艭及其历史的研究和同时代的皇家游船设计、管理的认识，更向前推进一步。在天津大学样式雷课题组开展研究的同时，时任颐和园研究室主任的翟小菊老师积极推动中国科学院图书馆藏清代皇家游船图样的复制工作，并查阅相关文献，开展颐和园御船的专题研究，取得了丰硕成果。双方的研究，也引起了颐和园、圆明园、北海等皇家园林管理单位的关注，木兰艭最终再现北海太液池，相关成果也汇集成册出版。

　　首先要感谢王其亨教授长期以来的关注与指导，并在百忙之中欣然为本书作序！感谢天津大学样式雷研究团队的支持与帮助；感谢翟小菊女士提供各种材料、线索与引荐，得以与田家青先生相识；感谢田家青先生的对木兰艭烫样的回购，对研究工作的支持；感谢中国国家图书馆、中国科学院图书馆在图档查询利用过程中提供的便利；感谢圆明园管理处对木兰艭复原项目的经费支持；感谢北海公园管理处对木兰艭的厚爱与对复原工程的支持；感谢朱琳、王博同学在前期研究与后期书稿撰写中所做的工作！

天津大学建筑学院　　张龙

2021 年 8 月